# भारतीय वास्तुशास्त्र

# भारतीय वास्तुशास्त्र

पवन के. गोयल

*प्रकाशक*

**प्रभात प्रकाशन प्रा. लि.**

4/19 आसफ अली रोड, नई दिल्ली-110002

फोन : 23289777 • हेल्पलाइन नं. : 7827007777

इ-मेल : prabhatbooks@gmail.com ❖ वेब ठिकाना : www.prabhatbooks.com

*संस्करण*

2025

*सर्वाधिकार*

सुरक्षित

*मूल्य*

तीन सौ रुपए

*मुद्रक*

नरुला प्रिंटर्स, दिल्ली

★

**BHARATIYA VAASTUSHASTRA**
*by* Shri Pawan K. Goyal

Published by **PRABHAT PRAKASHAN PVT. LTD.**
4/19 Asaf Ali Road, New Delhi-110002

ISBN 978-93-5186-748-7

₹ 300.00

प्राणिजगत् में मनुष्य सर्वश्रेष्ठ प्राणी इसीलिए कहलाता है कि उसमें विवेक एवं संवेदना का गुण है। जीवन को सुख-समृद्धि और मानसिक शांति के आलोक से अलंकृत करना प्रत्येक मनुष्य के जीवन का परम अभीष्ट होता है। इस दृष्टि से मानव जीवन को प्रभावित करनेवाले अनेक पहलुओं का महत्त्व है। इन महत्त्वपूर्ण पहलुओं में 'वास्तु विज्ञान' की स्वीकार्य भूमिका है। यह प्राच्य विद्या वस्तुतः विज्ञान है जिसके सिद्धांतों, नियमों एवं विश्लेषणों का वैज्ञानिक आधार है। वर्तमान युग में इसके महत्त्व को समझा गया है। वास्तु शास्त्र विज्ञान एवं ज्योतिष का अनुपम संगम है।

वास्तु शास्त्र के अनेक ग्रंथ उपलब्ध हैं जिनमें वास्तु विज्ञान का गहन विवेचन है। वास्तु शास्त्र के सिद्धांत और नियम जनसाधारण के जीवन में उपयोगी बनकर उनके जीवन को प्रगतिशील, समृद्धियुक्त एवं शांतिमय बना सकें, मेरे इस लघु प्रयास का यही लक्ष्य है। विषय सामग्री सर्वग्राह्य बने, इस हेतु सरलतम भाषा का प्रयोग किया गया है।

दिशा एवं कोण वास्तु शास्त्र के अनिवार्य अंग हैं। समग्र भूमंडल की स्थिति का भौगोलिक ज्ञान भी इसी पर आधारित है। व्यक्ति का प्रत्यक्ष संबंध उसके अपने भूखंड से होता है जिस पर वह अपना जीवन व्यतीत करता है। इस दृष्टि से उस भूखंड की मृदा, स्थिति, दिशा, कोण, क्षेत्रफल इत्यादि बिंदुओं का वैज्ञानिक विश्लेषण किया जाता है।

**दिशाएँ**

(1) **उत्तर** (North) – उत्तरी ध्रुव की दिशा

(2) **दक्षिण** (South) – दक्षिणी ध्रुव की दिशा

(3) **पूर्व** (East) – सूर्योदय की दिशा

(4) **पश्चिम** (West) – सूर्यास्त की दिशा

(5) **ईशान दिशा** (North-East) – पूर्व व उत्तर के मध्य की दिशा

(6) **वायव्य दिशा** (North-West) – पश्चिम व उत्तर के मध्य की दिशा

(7) **आग्नेय दिशा** (East-South) – पूर्व व दक्षिण के मध्य की दिशा

(8) **नैऋत दिशा** (West-South) – पश्चिम व दक्षिण के मध्य की दिशा

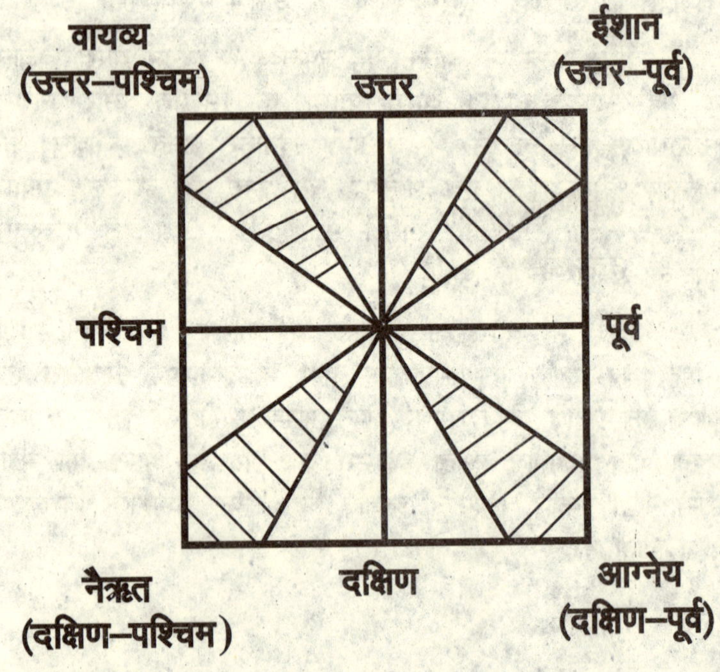

## दिशाओं में देवाधिष्ठान की स्थिति

ऊर्जा एवं प्रकाश समग्र विश्व का आधार है। सूर्य इसका मुख्य स्रोत है। पूरा सौरमंडल सूर्य से प्रभावित है। सूर्य की ऊर्जा एवं प्रकाश रश्मियों के मनुष्य जीवन पर पड़नेवाले प्रभाव के संदर्भ में वास्तु शास्त्र में विश्लेषण उपलब्ध है। इसी आधार पर वास्तु शास्त्र के सिद्धांतों का प्रतिपादन किया गया है, जिससे निर्माण एवं डिजाइन की कल्पना एवं प्रारूप का आयोजन किया जा सकता है।

| **दिशा** | – | **देवाधिष्ठान** |
|---|---|---|
| पूर्व | – | इंद्र |
| उत्तर | – | कुबेर |
| पश्चिम | – | वरुण |
| दक्षिण | – | यम |
| उत्तर–पूर्व (ईशान) | – | शिव |
| पूर्व–दक्षिण (आग्नेय) | – | अग्नि |
| दक्षिण–पश्चिम (नैऋत्त) | – | निऋति |
| उत्तर–पश्चिम (वायव्य) | – | वायु |

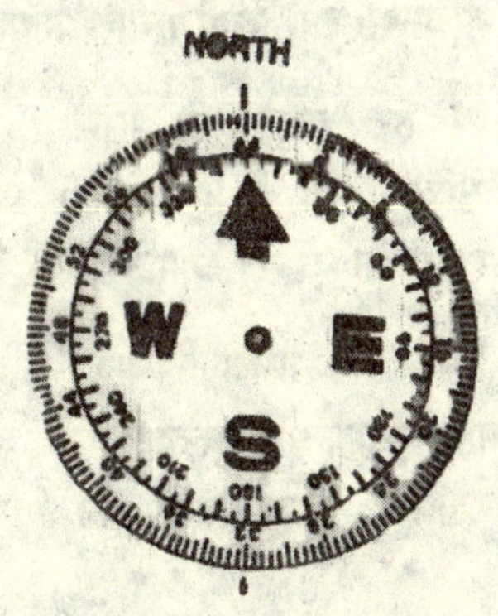

# वास्तु शास्त्र का परिचय

विश्व में हर मानव अमन, सुख व धन की इच्छा करता है। 'वास्तु' शब्द वस्तु से बना है। वस्तु का अर्थ है—अस्तित्वयुक्त स्थिति। इससे संबंधित विज्ञान ही 'वास्तु शास्त्र' है।

हलायुध कोष के अनुसार—

**वास्तु संक्षेपतो वक्ष्ये गृहादो विघ्ननाशनम्।**
**ईशान कोणादारभ्य ह्योकाशीतिपदे त्यजेत्।।**

वास्तु शास्त्र का मुख्य संबंध भवन निर्माण कला से है। भवन निर्माण के चार मुख्य पहलू होते हैं—

(1) आवश्यकता,

(2) सुविधा,

(3) साज-सज्जा,

(4) तकनीकी उपादेयता।

कठोपनिषद्, द्वितीय वल्ली के बीसवें श्लोक में वर्णित है—

**अजोरजीयान्महतो महीयानात्मास्य।**

अर्थात् ब्रह्मांड में हर वस्तु का निर्माण पंच तत्त्वों (वायु, अग्नि, जल, आकाश, पृथ्वी) से ही हुआ है। प्रकृति से इन पंच तत्त्वों को कैसे प्राप्त करें? यही वास्तु शास्त्र है।

प्राचीन ऋषि-मुनियों ने मानव समाज की भलाई के लिए चुंबकीय प्रवाहों, वायु प्रभाव, दिशाओं, गुरुत्वाकर्षण के नियमों एवं सूर्य की ऊर्जा को संदर्भ में रखकर वास्तु शास्त्र का निर्माण किया।

पाँच मूल तत्त्वों के सही सम्मिश्रण से ही बायो-इलैक्ट्रिक एनर्जी की उत्पत्ति होती है, जिससे मानव स्वस्थ एवं सुखमय जीवन प्राप्त करता है।

पाँच मूल तत्त्वों का प्राकृतिक चक्र यहाँ वर्णित है—

पृथ्वी से जल वाष्प के रूप में सौरमंडल की गरमी के कारण फैलता है। पानी की बूँदें बादल में परिवर्तित हो जाती हैं। हवा के द्वारा बादलों का पानी पृथ्वी पर वर्षा के रूप में आता है। इस प्रकार प्रकृति-चक्र व तत्त्वों का संतुलन पृथ्वी पर बना रहता है।

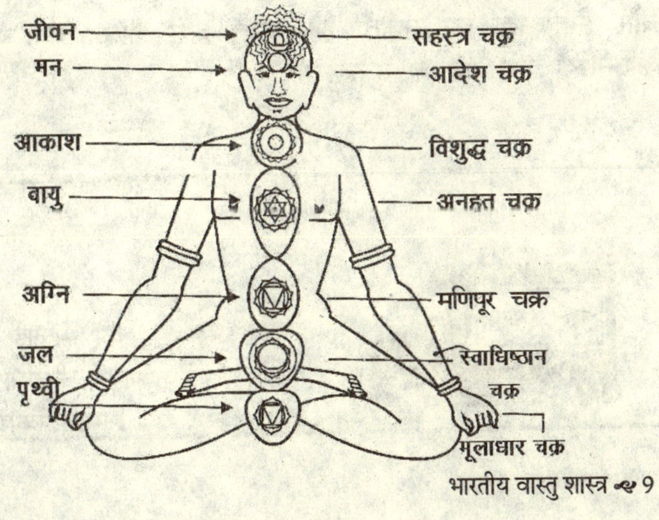

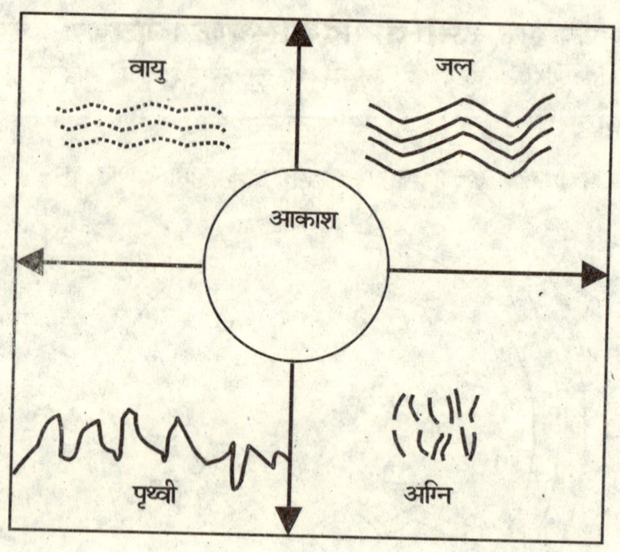


भवन निर्माण करते समय पंच तत्त्वों के ब्रह्मांड संबंधी ज्ञान को ध्यान में रखकर निर्माण करें। प्राचीन वास्तु शास्त्र के नियम आधुनिक विज्ञान पर खरे उतरते हैं।

मनुष्य भाग्य और वास्तु दोनों से प्रभावित होता है। मनुष्य वास्तु द्वारा सर्वथा भाग्य को नहीं बदल सकता। परंतु जीवन में मृदुता और निर्विघ्नता ला सकता है। वास्तु द्वारा जीवन की बहुत सी कठिनाइयाँ कम की जा सकती हैं।

मार्ग (वास्तु)

चालक (कर्म)

# वास्तु दिशासूचक यंत्र

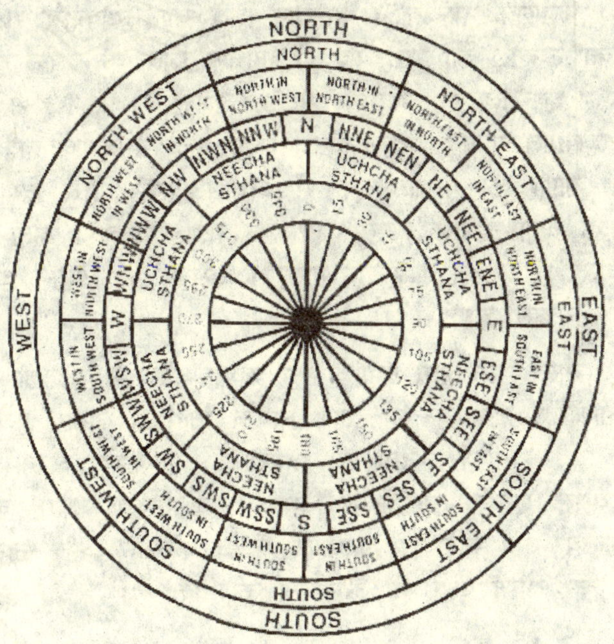


वास्तु शास्त्र में पृथ्वी के पश्चिम से पूर्व दिशा की ओर चक्कर लगाने का महत्त्वपूर्ण स्थान है। पृथ्वी के पश्चिम से पूर्व दिशा की ओर चक्कर लगाने के कारण ही हम सूर्य को पूर्व में उदय होते हुए और पश्चिम दिशा में अस्त होते देखते हैं। इसके अतिरिक्त पृथ्वी अपनी धुरी पर 23 डिग्री कोण पर झुकी हुई है।

प्रातःकालीन सूर्य रश्मियाँ मनुष्य जीवन के लिए स्वास्थ्यवर्धक एवं शक्तिवर्धक होती हैं। वही सूर्य रश्मियाँ मध्याह्न के पश्चात् रेडियोधर्मिता से ग्रस्त होने के कारण स्वास्थ्य के लिए हानिकारक होती हैं। वास्तु विद्या भारत की 64 प्राचीन विद्याओं में से एक है।

# वास्तु पुरुष क्या है

पौराणिक मान्यता में भगवान् शिव का अंधकासुर राक्षस से युद्ध का उल्लेख है। इस युद्ध में भगवान् शिव के पसीने के बिंदु निपात से एक विशाल, अद्‌भुत और क्रूर प्राणी का जन्म हुआ जिससे संपूर्ण देवजगत् में घबराहटपूर्ण हलचल हुई। देवों ने ब्रह्माजी की आज्ञा से इस प्राणी को पृथ्वी लोक में अधोमुख कर गिरा दिया और सृष्टिकर्ता ब्रह्मा ने उसे 'वास्तु पुरुष' की संज्ञा दी। कहा जाता है कि वह वास्तु पुरुष जब भूमि पर गिरा तो उसका सिर ईशान कोण में तथा पैर नैऋत कोण में थे।

वास्तु पुरुष द्वारा ब्रह्माजी की प्रार्थना की गई। ब्रह्माजी ने उसे यह आशीर्वाद दिया कि जो प्राणी निर्माण कार्य में तुम्हारी पूजा नहीं करेगा उसे जीवन में दरिद्रता एवं समस्याओं का सामना करना पड़ेगा। अतः वास्तु पुरुष के मर्मांगों पर निर्माण कार्य निषिद्ध है। गृह कर्म में 81 कोष्ठक और मंदिर व राजमहल में 64 कोष्ठक वास्तु मंडल का निर्माण कर वास्तु पुरुष की अभ्यर्थना की जाती है।

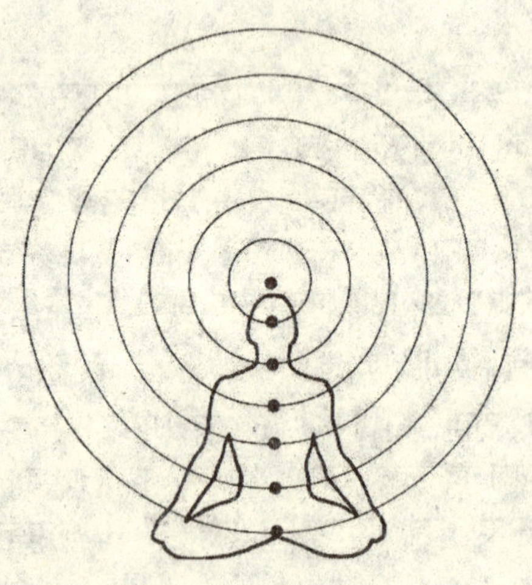

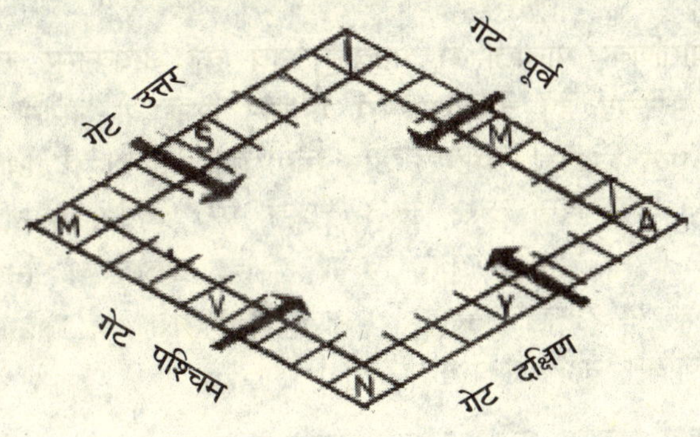


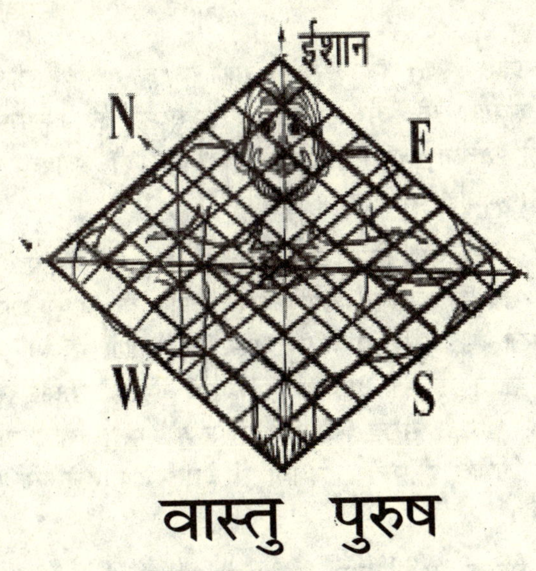


वास्तु पुरुष

# प्राचीन वास्तु शास्त्र एवं आधुनिक विज्ञान

प्राचीन वास्तु शास्त्र आज विश्व में चर्चा का विषय बना हुआ है। सदियों पूर्व भारतीय ऋषि-मुनियों द्वारा प्रकृति के नियमों का विस्तार से अध्ययन कर वास्तु शास्त्र पर प्रकाश डाला गया। वैज्ञानिकों ने भी यह स्वीकार किया है कि प्रकृति के नियमों के विरुद्ध कोई भी मानव, परिवार, समाज, देश स्वस्थ व सुखमय तथा वैभवपूर्ण जीवन नहीं जी सकता।

'वेद विज्ञान' के अनुसार प्राकृतिक नियमानुसार भवन निर्माण का ज्ञान 'स्थापत्य वेद' कहलाता है, और स्थापत्य वेद के नियमों को मूर्त रूप प्रदान करनेवाला वास्तु शास्त्र है।

वेद विद्याओं के वैज्ञानिक व्याख्याकार महर्षि महेश योगी के अनुसार स्थापत्य वेद का महत्त्व उतना ही है जितना अन्य वेद शास्त्रों का।

मध्य प्रदेश स्थित महर्षि महेश योगी वैदिक विश्वविद्यालय में स्थापत्य वेद संकाय के अध्यक्ष प्रो. सेतुमाधवन के अनुसार ईंट गारे-सीमेंट की प्राचीन तथा अर्वाचीन तकनीक ही स्थापत्य वास्तु कला है जिससे ब्रह्मांड का निर्माण हुआ है।

दक्षिण भारत के प्रसिद्ध वास्तुकार एवं प्रो. के. प्यागूर कृष्णण नंबूदरीपाद की राय में भारतीय वास्तु शास्त्र यूरोप के वास्तु शास्त्र से ज्यादा प्रभावशाली है। यूरोप में वास्तु शास्त्र चार भागों में है। जबकि भारतीय वास्तु शास्त्र के नौ आयाम हैं, जिसमें गहराई, ऊँचाई, संगीत, अध्यान, लंबाई, चौड़ाई, समय, आकाशीय ऊर्जा, मृत्यु आदि भी हैं। वास्तु ज्ञान के अभाव में भवन निर्माण में वास्तु दोष होने पर मनुष्य परेशान रहता है।

महर्षि वैदिक आर्किटैक्ट कंसलटेंसी सर्विस के निदेशक एम. वेंकटेश्वरलू वास्तु विज्ञान को ही आज का आधुनिक विज्ञान मानते

हैं। पृथ्वी के उत्तरी ध्रुव और दक्षिणी ध्रुव के मध्य में एक बड़ा चुंबकीय क्षेत्र है। मनुष्य के रक्त (हीमोग्लोबिन) का मुख्य तत्त्व लोहा है। लोहे का चुंबक से सीधा संबंध है। इसलिए दक्षिण दिशा के प्रवेशद्वार वाले भवन के निवासी के मस्तिष्क या हृदय की रक्त आपूर्ति पर प्रतिकूल असर होता है। रक्त कैंसर की संभावना रहती है। अमेरिकन शोधकर्ताओं का भी यही दृष्टिकोण है।

महर्षि वैदिक विश्वविद्यालय में स्थापत्य वेद और वास्तु पर अनेक अनुसंधानों के पश्चात् यह पाया गया कि यूरोप और अमेरिका में भवनों के दक्षिण दिशा में बने प्रवेशद्वारों को बंद कर वास्तु सम्मत निर्माण के बाद परिवर्तन देखा गया।

वैदिक वास्तु अध्ययन पर अनेक वास्तुकारों ने अपनी रिपोर्ट में कहा है कि कोई स्थान बुरा नहीं होता, उसका प्रयोग करने की विधि बेहतर होनी चाहिए।

पृथ्वी पर ऊर्जा का प्रभाव समान होता है। इसी में सकारात्मक व नकारात्मक ऊर्जा के बिंदु ढूँढ़ने होते हैं। शयनकक्ष व अध्ययनकक्ष सकारात्मक ऊर्जा केंद्रों में होने चाहिए। कम सकारात्मक क्षेत्र में शौचालय होना चाहिए, क्योंकि यहाँ आदमी सबसे कम समय रहता है।

भारत में आठ प्रहरों की धारणा है। हर प्रहर में अलग-अलग तरह की ऊर्जा तरंगें निकलती हैं। आमतौर पर रात दो बजे से सुबह पाँच बजे तक का समय ब्रह्म मुहूर्त माना जाता है। ब्रह्म मुहूर्त में सकारात्मक ऊर्जा तरंगें व्यक्ति तक पहुचें, इसलिए पूर्व मुखी भवन अति उत्तम माना गया है। इसलिए ईशान कोण क्षेत्र में पानी की टंकी का वास्तु शास्त्र में विशेष महत्त्व है। वास्तु विज्ञान के ये तथ्य स्थापत्य वेद पर किए गए अनुसंधानों के बाद सामने आए हैं।

भारत सरकार ने स्कूल ऑफ प्लानिंग एंड आर्किटैक्चर के वास्तु विभाग में अनुसंधान कार्यक्रमों की शुरुआत की है जो कि पूर्ववर्ती अनुसंधानों की सफल परिणति का प्रभाव है।

# दिशा व कोण का महत्त्व

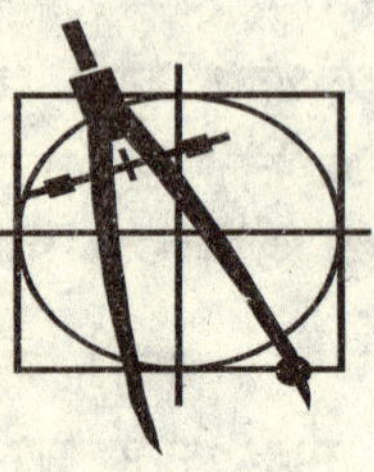

वास्तु शास्त्र में दिशा एवं कोण का विशेष महत्त्व है। इसका संक्षिप्त विवरण यहाँ प्रस्तुत है—

(1) **पूर्व दिशा** इस दिशा का संबंध वंश की स्थिति से है। जिस भवन के पूर्व का स्थान खुला हो उस भवन का स्वामी दीर्घायु होता है।

(2) **उत्तर दिशा** यह दिशा मातृत्व से संबंधित है। जिस भवन का उत्तरी भाग खुला हो उस भवन का स्वामी मातृत्व लाभ से लाभान्वित होता है।

(3) **पश्चिम दिशा** यश, सुख, मान–सम्मान प्रदान करती है।

(4) **दक्षिण दिशा** यह दिशा मनुष्य के सुख, सम्मान एवं यश वृद्धि में सहायक होती है।

(5) **ईशान कोण** इस दिशा का सुख–संपत्ति एवं शांति की दृष्टि से महत्त्व है। दोषरहित ईशान कोण वंश वृद्धि एवं स्थायित्व में सहायक होता है।

(6) **आग्नेय कोण** दोषपूर्ण आग्नेय कोण भूस्वामी को क्रोधी प्रवृत्ति की ओर अग्रसर करता है। जबकि इसकी दोषरहित स्थिति स्वास्थ्यवर्द्धक होती है।

(7) **वायव्य कोण** दोषपूर्ण कोण होने पर भूस्वामी के जीवन में शत्रुभाव रखनेवाले लोगों का आधिक्य होता है। दोषरहित स्थिति जीवन में मैत्रीमय वातावरण में

सहायक होती है।

(8) **नैऋत कोण** इस कोण की दोषपूर्ण स्थिति मनुष्य जीवन में क्लेश एवं रुग्णता लाती है। यह मानव व्यवहार और मैत्रीभाव को प्रभावित करती है।

# वास्तु शास्त्र के प्राचीन ग्रंथ एवं विद्वान्

यदि वास्तु शास्त्र के नियमों के अनुसार भवन निर्माण किया जाए तो जीवन में सुख-समृद्धि, आरोग्यता एवं शांति की प्राप्ति होती है। प्राचीन ऋषि-मुनियों व विद्वानों के भवन निर्माण पर वास्तु ज्ञान के सिद्धांत हमें ग्रंथों एवं हस्तलिखित पांडुलिपियों में प्राप्त होते हैं।

'विश्व कर्मप्रकाश', 'विश्व कर्ममत', 'विश्व कर्मपुराण', 'वास्तु रत्न', 'वास्तुप्रदीप', 'विश्व कर्मसंहिता', 'रूपमंडन', 'वास्तुराज वल्लभ', 'वास्तु मुक्तावली', 'रत्नमाला', 'गृहरत्न', 'शिल्पसार', 'प्रतिष्ठाकल्पता', 'समरांगण सूत्रधार', 'प्रतिष्ठामहोदधि', 'भारतीय वास्तु कला का इतिहास' आदि वास्तु शास्त्र के प्रमुख ग्रंथ हैं।

'अग्निपुराण', 'मत्स्यपुराण', 'लाल किताब' और 'भविष्यपुराण' में भी वास्तु शास्त्र के विभिन्न प्रकरणों पर लेख एवं टीकाएँ उपलब्ध हैं।

वास्तु शास्त्र के विद्वानों में विश्वकर्मा, नारद, ब्रह्मा, बृहस्पति, अत्रि, नंदीश, मय, भृगु, वशिष्ठ, नग्नजीत, गर्ग, वासुदेव, शुक्र, शौनक, कुमार, पुरंदर, अनिरुद्ध, नारायण भट्ट, राम दैवज्ञ, कालीदास, श्रीपति, भास्कर, टोडरानंद, मांडव्य केशवदैवज्ञ, ब्रह्मशंभू, वराहमिहिर, शार्ङ्गधर और लल्ल इत्यादि नाम उल्लेखनीय हैं।

**भृगुरत्रिर्वसिष्ठश्च विश्वकर्मा मयस्तथा।**
**नारदो नग्नजिच्चैव विशालाक्षः पुरन्दरः।।**
**ब्रह्माकुमारो नन्दीशः शौनको भर्ग एव च।**
**वासुदेवोऽनिरुद्धश्च तथा शुक्र बृहस्पति।**
**अष्टादशैते विख्याताः शिल्पशास्त्रोपदेशकाः।।**

(मत्स्यपुराण)

# भवन के लिए भूखंड का चयन

भूखंड प्रकृति की देन है। मनुष्य ने अपनी आवश्यकतानुसार इसे कई स्वरूपों में बाँट दिया है। संपूर्ण पृथ्वी देश, प्रांत, जिला, नगर, ब्लॉक, मोहल्ला, वार्ड एवं प्लाट में विभक्त है। भूखंड का चयन सावधानीपूर्वक करना चाहिए। 'विश्वकर्म प्रकाश' में इसका वर्णन उपलब्ध है—

**चतुरस्त्रां द्विपाकारं सिंहोक्षाश्वेभरूपिणीम्।**
**वृत्तञ्च भद्रपीठञ्च त्रिशूलं लिङ्गसन्निभम्।।**
**प्रासादध्वजकुम्भादि देवानामपि दुर्लभाम्।**
**त्रिकोणां शकटाकारं शूर्पव्यजनसन्निभाम्।।**
**मुरजाकारसदृशां सर्पमण्डूकरूपिणीम्।**
**खराजगरसङ्काशां बकाञ्चिपिटरूपिणीम्।।**
**मुद्गराभां तथोलूककाकसर्प्पनिभां तथा।**
**शूकरोष्ट्राजसदृशां धनुः परशुरूपिणीम्।।**
**कृकलासशवाकारां दुर्गम्यां व विवर्जयेत्।**
**मनोरमा च या भूमिः परीक्षेत प्रयत्नतः।।**

वह भूमि जिसका आकार बैल, सिंह, हाथी, घोड़े के समान हो, जो वर्गाकार हो, भद्रपीठ भूमि त्रिशूल व शिवलिंग तुल्य हो और जिसमें प्रासाद हों, ऐसी भूमि देवताओं को भी दुर्लभ है।

जो भूखंड त्रिकोण, सूप व बीजने के समान हो तथा जिसका आकार मेढक, साँप, गर्दभ, अजगर, बगुला, चिमटा, काक, सूअर, उल्लू, ऊँट, धनुष, फरसा, बकरी, शव आदि की तरह हो, वह भूखंड त्यागने योग्य होता है।

साधारणतया आयताकार, वृत्ताकार एवं वर्गाकार भूमि को ही श्रेष्ठ माना जाता है। ऐसे भूखंड मंगलदायक होते हैं। भूखंड का विशाल स्थल ऐश्वर्य प्रदान करता है, परंतु यह स्थल किसी भी दिशा में कटा हुआ नहीं होना चाहिए।

फटा हुआ, शल्ययुक्त, दीमकयुक्त, ऊँचा-नीचा (ऊबड़-खाबड़) भूखंड भवन निर्माण की दृष्टि से स्वीकार्य नहीं है। वास्तु शास्त्र में उल्लेख है—

**स्फुटिता मरणं कुर्यादूषरा धननाशिनी।**
**सशल्या क्लेशदा नित्यं विषमा शत्रुवर्द्धिनी।।**

# भूमि का ढलान

'नारद संहिता' के अनुसार—

**अत्यन्तं वृद्धिदं नृणाभी शानप्रागुदकहलवाम्।**
**अन्यदिक्षु प्लवं तेषाम् शखदत्यन्तहानिदम्।।**

जिस भूमि का ढलान ईशान कोण (उत्तर-पूर्व) पूर्व की ओर हो वह भूमि लाभदायक एवं शुभदायक होती है। अन्य दिशाओं में ढलान हानिकारक होता है।

कोई भी भूखंड क्षेत्रफल, कोण, आकार-प्रकार, ढलान एवं समीपता की दृष्टि से वास्तु शास्त्र के सिद्धांतों के अनुकूल होने पर ही खरीदना चाहिए।

## वराहमिहिर का वास्तु ज्ञान

वराहमिहिर के वास्तु शास्त्र में 26 प्रकार की भूमि का उल्लेख है—

(1) **गोवीथी**—जो भूखंड पूर्व से नीचा व पश्चिम से ऊँचा हो उसे 'गोवीथी' कहते हैं। ऐसा भूखंड वंश वृद्धि में सहायक होता है।

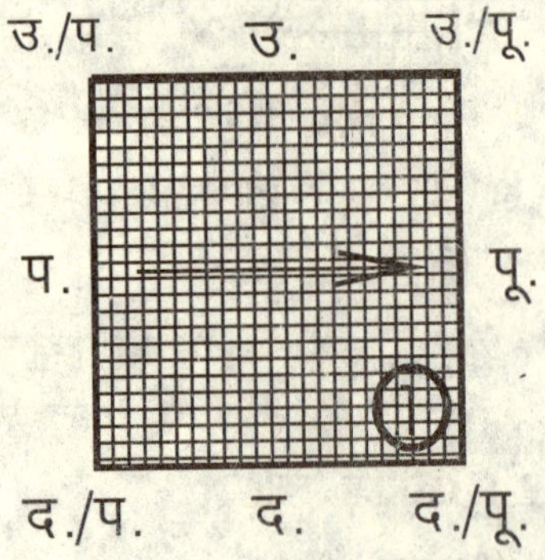


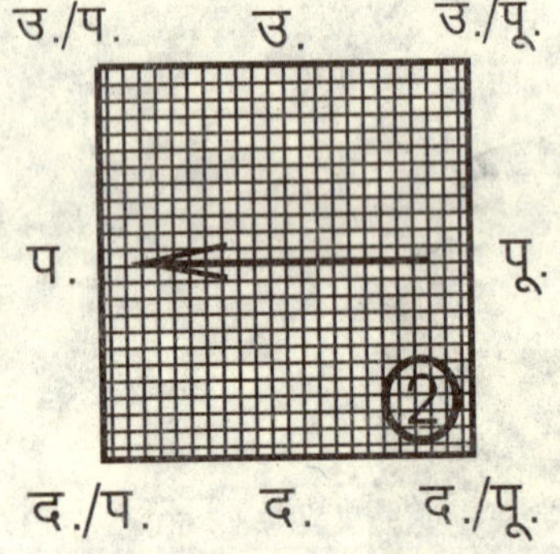


(2) **जलवीथी**—जो भूखंड पश्चिम से नीचा व पूर्व से ऊँचा हो उसे 'जलवीथी' कहते हैं। ऐसा भूखंड वंशनाशक माना जाता है।

(3) **गणवीथी**—जो भूखंड उत्तर से नीचा व दक्षिण से ऊँचा हो उसे 'गणवीथी' कहते हैं। ऐसे भूखंड में निवास करनेवाला व्यक्ति निरोगी रहता है।

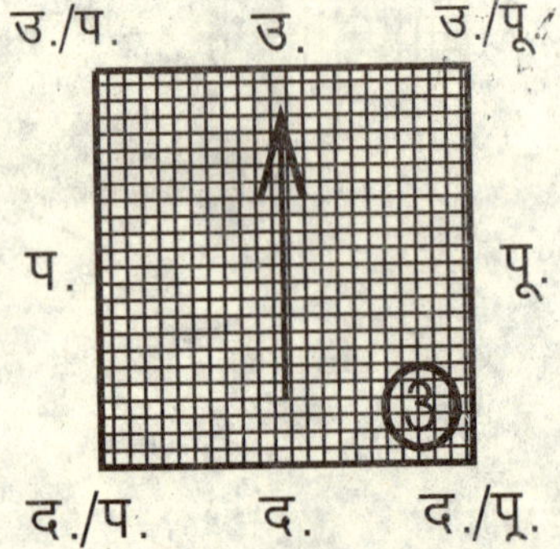

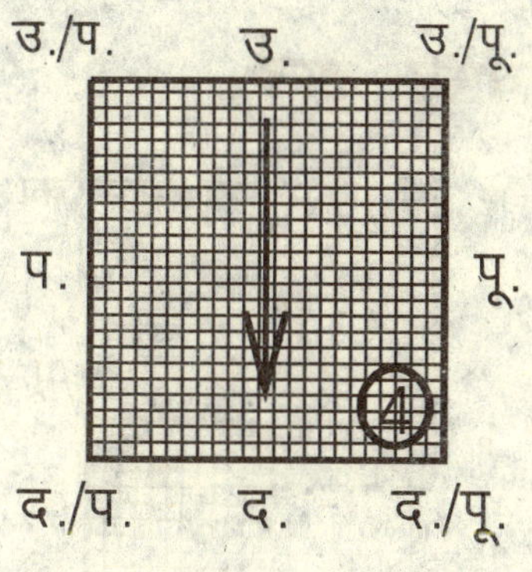


(4) **यमवीथी**—जो भूखंड उत्तर से ऊँचा व दक्षिण से नीचा हो उसे 'यमवीथी' कहते हैं। ऐसा भूखंड रोग कारक माना जाता है।

(5) **भूतवीथी**—जिस भूखंड का ईशान कोण ऊँचा और नैऋत कोण नीचा हो उसे 'भूतवीथी' कहते हैं। ऐसा भूखंड कष्टदायक होता है।

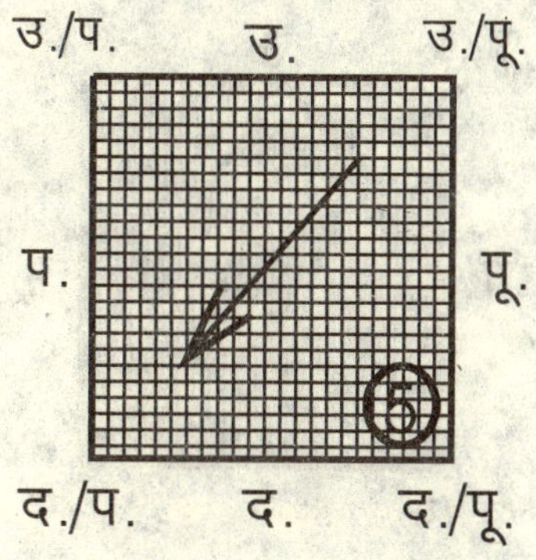


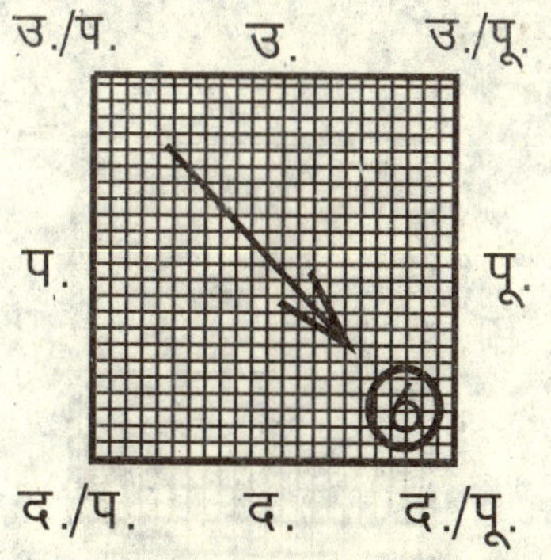


(6) **वैश्वानर वीथी**—जिस भूखंड का वायु कोण ऊँचा और अग्नि कोण नीचा हो उसे 'वैश्वानर वीथी' कहते हैं। ऐसा भूखंड वित्तीय हानि पहुँचाता है।

(7) **घनवीथी**—जिस भूखंड का नैऋत कोण ऊँचा व ईशान कोण नीचा हो उसे 'घनवीथी' कहते हैं। यह लाभदायक होता है।

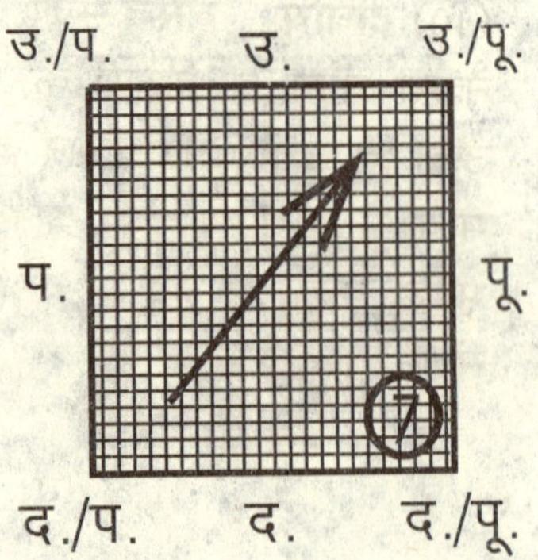


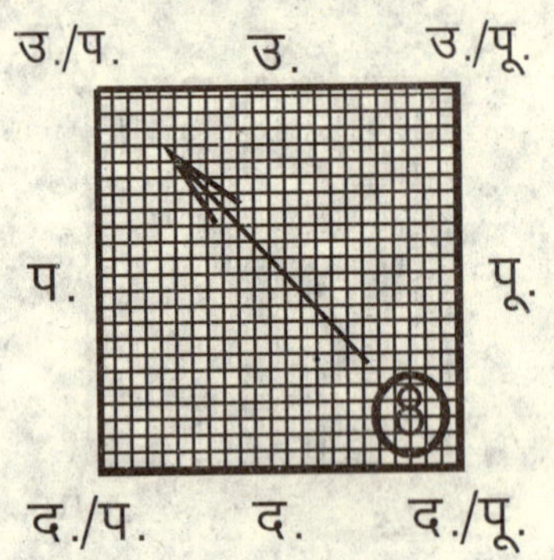


(8) **नागवीथी**—जिस भूखंड का अग्नि कोण ऊँचा व वायु कोण नीचा हो उसे 'नागवीथी' कहते हैं।

(9) **पितामह वास्तु**—जो भूखंड पूर्व और अग्नि कोण के मध्य से ऊँचा हो, वायु कोण और पश्चिम के मध्य में नीचा हो उसे 'पितामह वास्तु' कहते हैं। ऐसा भूखंड सुखदायक होता है।

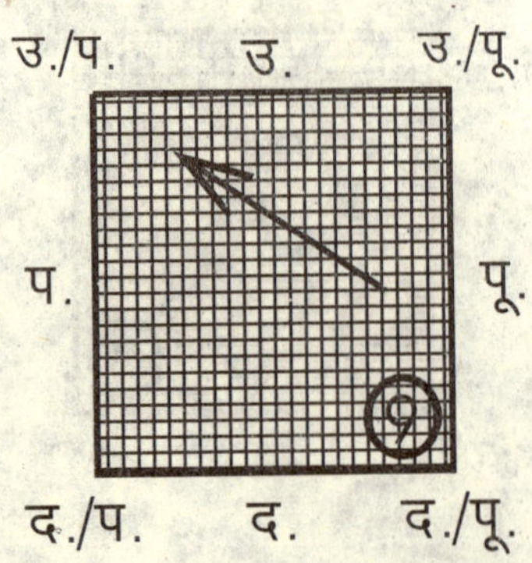

(10) **दीर्घायु वास्तु**—जो भूखंड नैऋत्त कोण व दक्षिण के मध्य में ऊँचा व उत्तर और ईशान कोण के मध्य में नीचा हो उसे 'दीर्घायु वास्तु' भूखंड कहते हैं। ऐसा भूखंड (पुत्र) संतान की वृद्धि करता है।

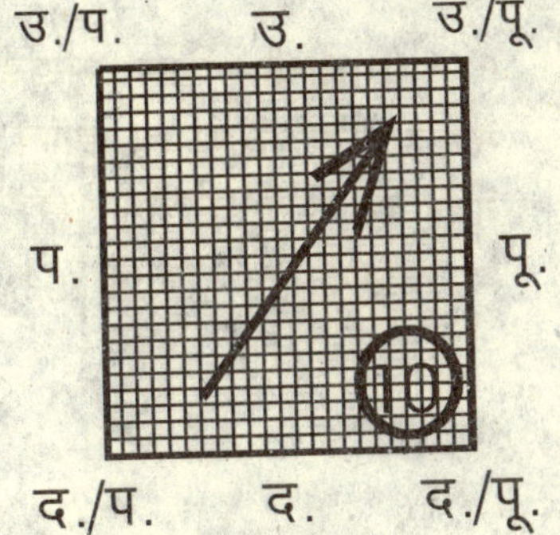


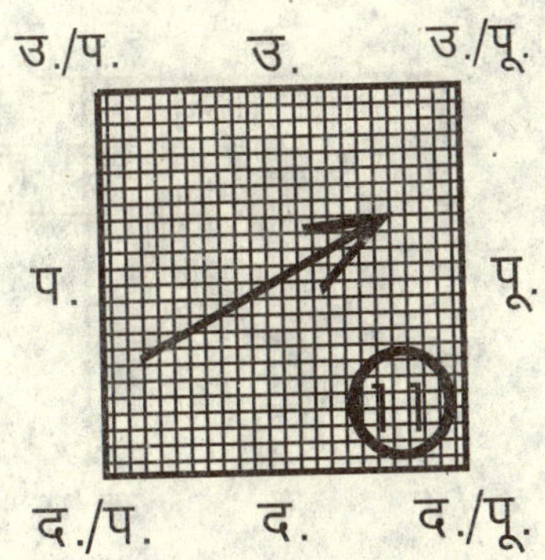


(11) **पुण्यक वास्तु**—जो भूखंड पश्चिम और नैऋत्त के मध्य ऊँचा तथा ईशान कोण और पूर्व के मध्य में नीचा हो उसे 'पुण्यक वास्तु' भूखंड कहते हैं। ऐसा भूखंड लाभदायक होता है।

(12) **अपथ वास्तु**—जो भूखंड वायु कोण पश्चिम दिशा के मध्य ऊँचा हो, पूर्व दिशा और अग्नि कोण के मध्य से नीचा हो उसे 'अपथ वास्तु' भूखंड कहते हैं।

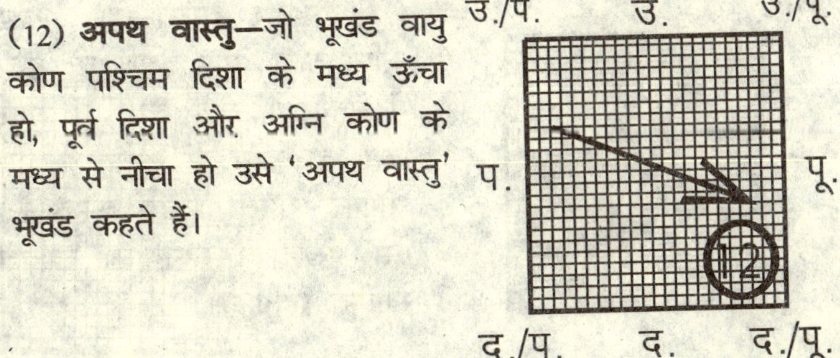

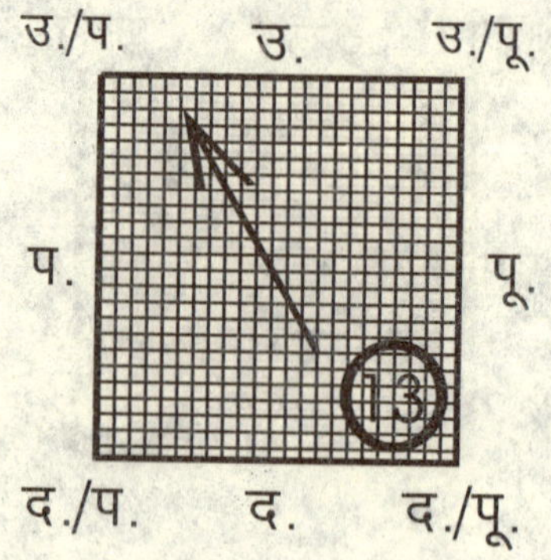


(13) **सुपथ वास्तु**—जो भूखंड उत्तर के मध्य और वायु कोण में नीचा और अग्नि कोण तथा दक्षिण के मध्य में ऊँचा हो उसे 'सुपथ वास्तु' भूखंड कहते हैं। ऐसा भूखंड अति योग्य व लाभदायक होता है।

(14) **अर्गल वास्तु**—जो भूखंड नैऋत्त कोण तथा दक्षिण के मध्य में नीचा हो, ईशान कोण और उत्तर में ऊँचा हो उसे 'अर्गल वास्तु' भूखंड कहते हैं। ऐसा भूखंड दुःख व पापनाशक होता है।

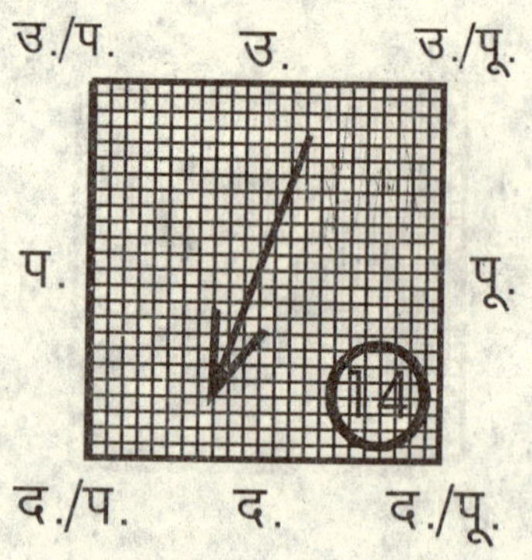


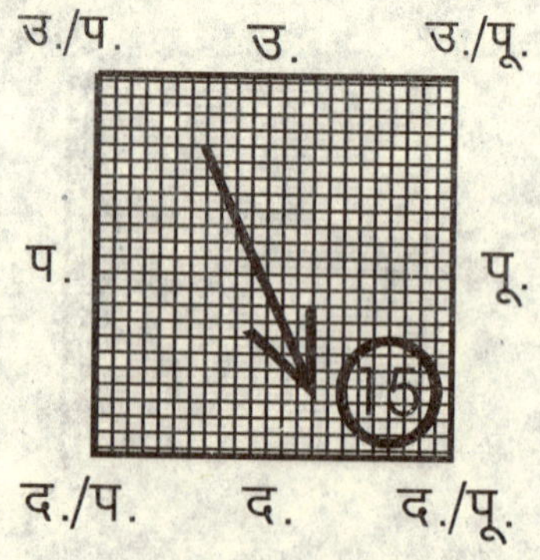


(15) **रोगकर वास्तु**—जो भूखंड अग्नि कोण और दक्षिण के मध्य में नीचा हो, वायु कोण व उत्तर दिशा के मध्य में ऊँचा हो उसे 'रोगकर वास्तु' भूखंड कहते हैं। ऐसे भूखंड में रहनेवाला व्यक्ति रोगग्रस्त रहता है।

(16) **श्मशान वास्तु**—जो भूखंड पूर्व दिशा के मध्य और ईशान कोण में ऊँचा हो, पश्चिम दिशा और नैऋत्य कोण में नीचा हो उसे 'श्मशान वास्तु' भूखंड कहते हैं। ऐसा भूखंड कुल का नाश करनेवाला माना जाता है।

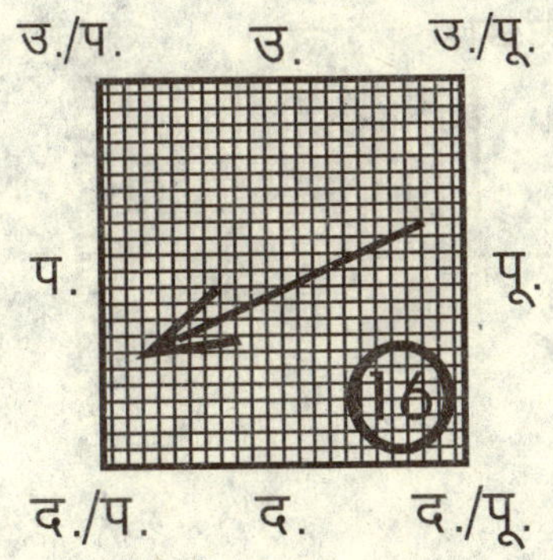


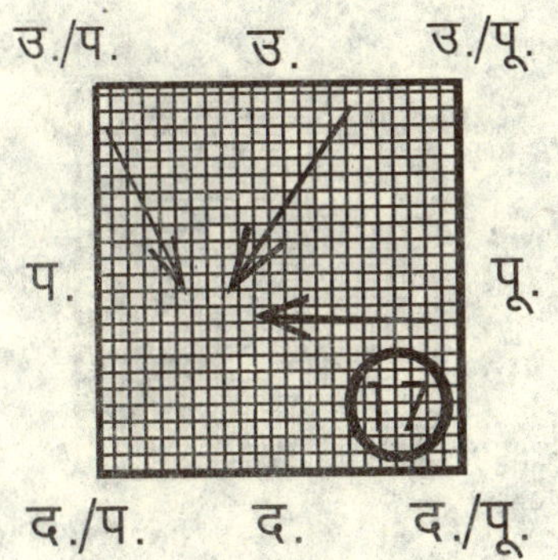


(17) **स्वमुख वास्तु**—जो भूखंड अग्नि कोण, ईशान कोण और पश्चिम में ऊँचा हो, दक्षिण-पश्चिम कोण में नीचा हो उसे 'स्वमुख वास्तु' भूखंड कहते हैं। ऐसा भूखंड धननाशक कहलाता है।

(18) **ब्रह्म वास्तु**—जो भूखंड अग्नि कोण, ईशान कोण और नैऋत्य कोणों से ऊँचा हो, पूर्व तथा वायव्य कोण में नीचा हो उसे 'ब्रह्म वास्तु' भूखंड कहते हैं।

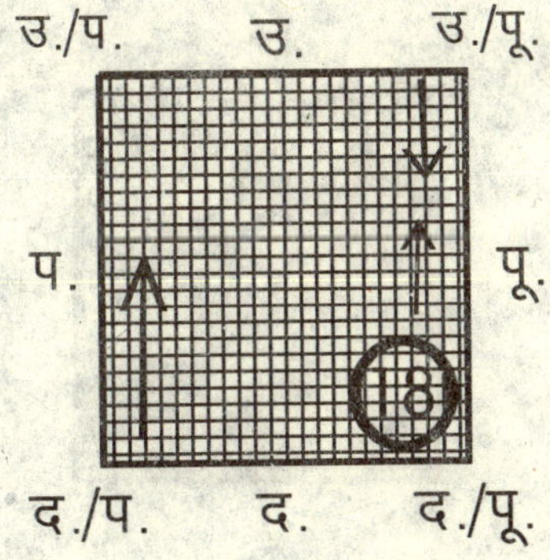

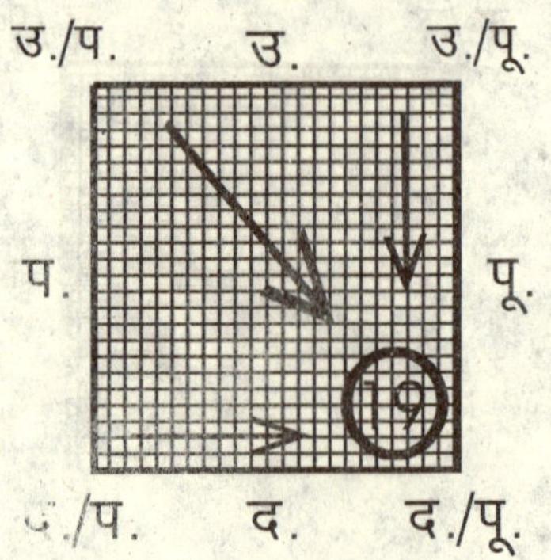


(19) **श्येनक वास्तु**—जो भूखंड ईशान कोण, नैऋत और वायव्य कोण से ऊँचा तथा अग्नि कोण से नीचा हो उसे 'श्येनक वास्तु' भूखंड कहते हैं। ऐसे भूखंड का फल नाशदायक होता है।

(20) **स्थंडिल वास्तु**—जो भूखंड नैऋत कोण से ऊँचा तथा ईशान कोण, अग्नि कोण, वायु कोण में नीचा हो उसे 'स्थंडिल वास्तु' भूखंड कहते हैं। ऐसा भूखंड स्वामी के लिए शुभ माना जाता है।

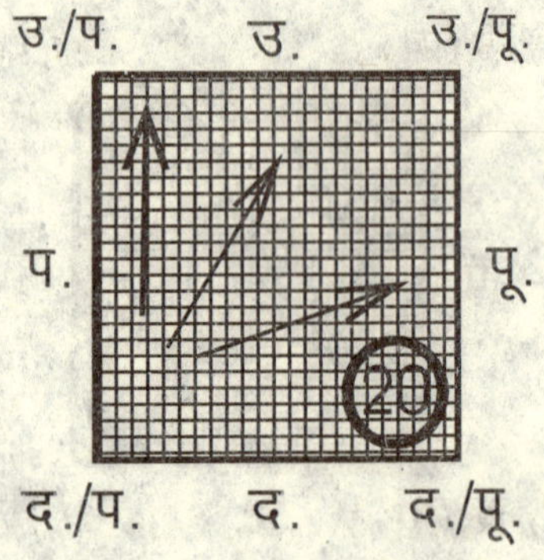


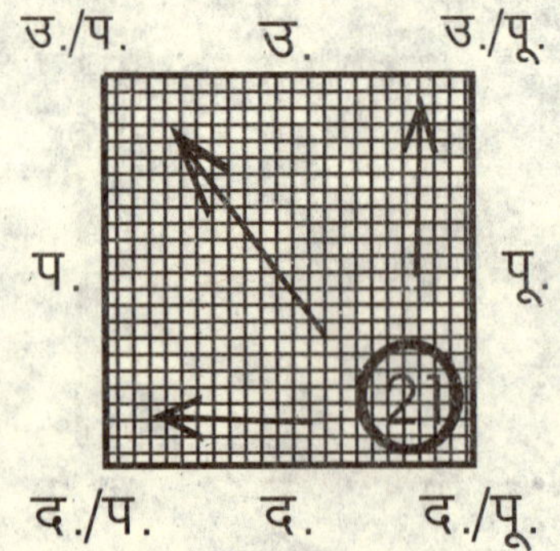


(21) **स्थावर वास्तु**—जो भूखंड नैऋत कोण, ईशान कोण और वायु कोण से नीचा तथा अग्नि कोण से ऊँचा हो उसे 'स्थावर वास्तु' भूखंड कहते हैं। ऐसा भूखंड शुभ होता है।

(22) **सुस्थान वास्तु**—जो भूखंड नैऋत कोण और ईशान कोण में ऊँचा हो, वायव्य कोण में नीचा हो उसे 'सुस्थान वास्तु' भूखंड कहते हैं। यह ब्राह्मणों के लिए अति उत्तम होता है।

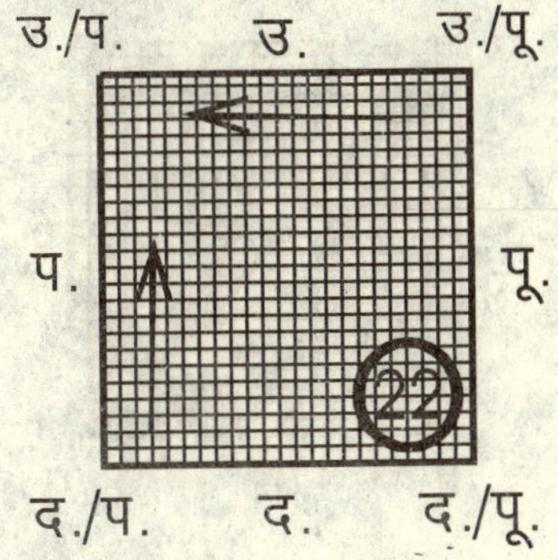


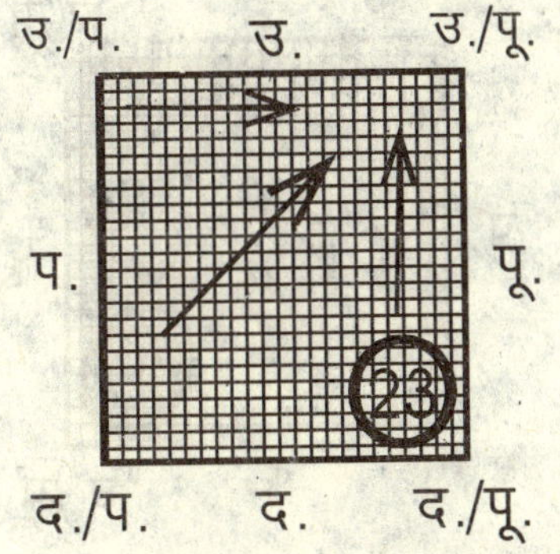


(23) **सुतल वास्तु**—जो भूखंड पूर्व दिशा में नीचा, वायु कोण, नैऋत कोण और पश्चिम में ऊँचा हो उसे 'सुतल वास्तु' भूखंड कहते हैं। ऐसा भूखंड क्षत्रियों के लिए अच्छा होता है।

(24) **शांडुल वास्तु**—जो भूखंड ईशान कोण में ऊँचा हो, अग्नि कोण, नैऋत कोण और वायु कोण में नीचा हो उसे 'शांडुल वास्तु' भूखंड कहते हैं। ऐसा भूखंड अशुभ माना जाता है।

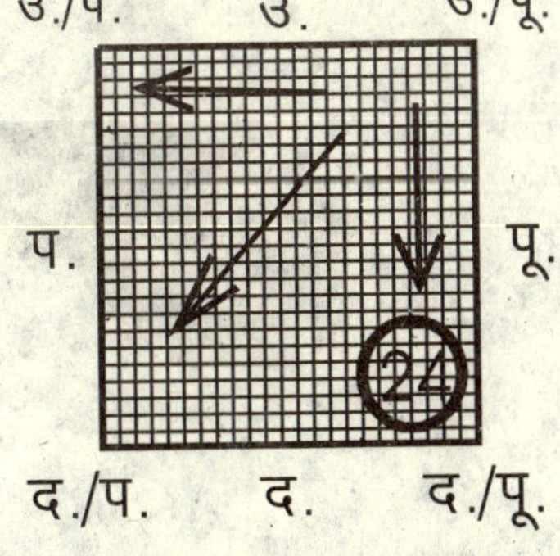

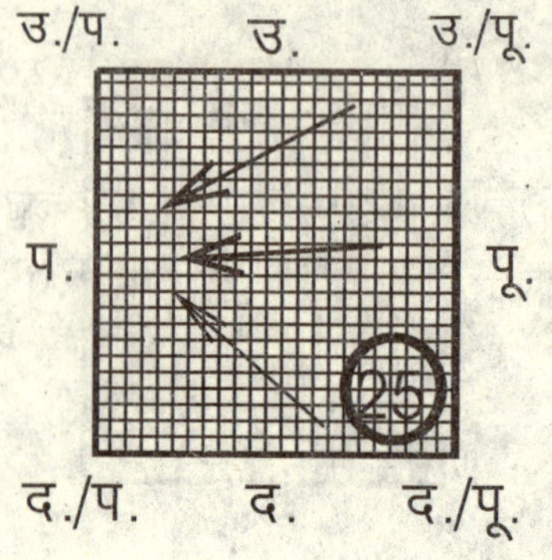


(25) **श्वमुख वास्तु**—जो भूखंड ईशान कोण पूर्व दिशा और अग्नि कोण में क्रम से ऊँचा तथा पश्चिम दिशा में नीचा हो उसे 'श्वमुख वास्तु' भूखंड कहते हैं।

(26) **चर वास्तु**—जो भूखंड ईशान कोण, उत्तर दिशा और वायु कोणों में ऊँचा हो, दक्षिण में नीचा हो उसे 'चर वास्तु' कहते हैं।

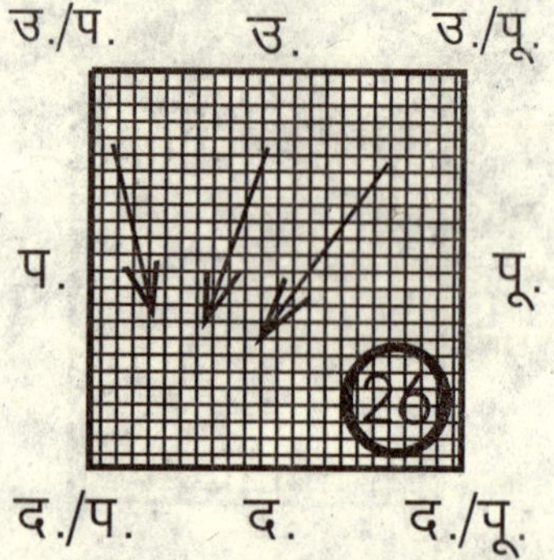

# भूपृष्ठ से भूखंड (भूमि) की परीक्षा

भूमि के मध्य वाले पठारी (कठोर) हिस्से को 'भूपृष्ठ' कहते हैं। भूखंड की दिशाओं में लंबाई, चौड़ाई और ऊँचाई के आधार पर भूखंड का चुनाव कर वास्तु नियमों के अनुसार निर्माण करना चाहिए। तदनुसार भूमि को चार भागों में बाँटा गया है—

(1) **गजपृष्ठ**—दक्षिण, पश्चिम व वायव्य कोण में ऊँची और ईशान में नीची भूमि को 'गजपृष्ठ' कहते हैं। ऐसी भूमि धनदायक, लाभदायक व स्वास्थ्यदायक होती है।

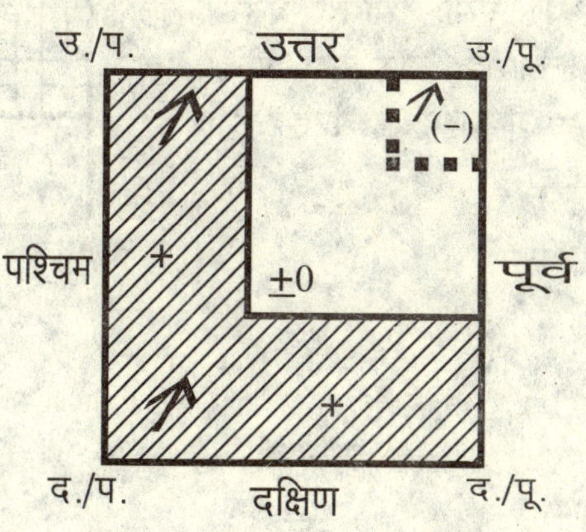


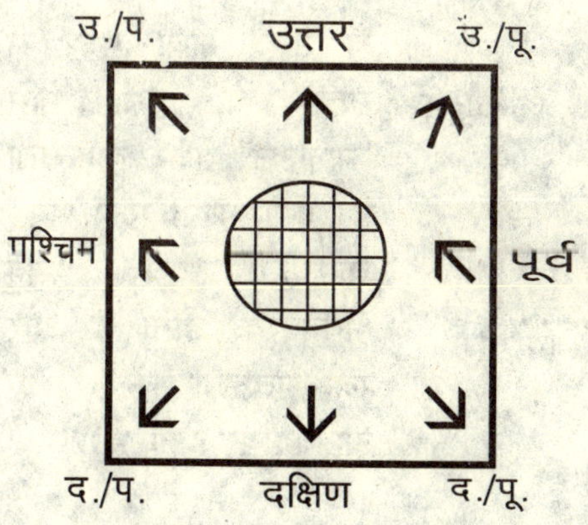


(2) **कर्मपृष्ठ**—जो भूमि मध्य में ऊँची और चारों दिशाओं में नीची हो उसे 'कर्मपृष्ठ' कहते हैं। ऐसी भूमि उत्साहवर्धक, धन-धान्य और सुख वृद्धि-कारक होती है।

(3) **दैत्यपृष्ठ**—जो भूमि पूर्व, आग्नेय व ईशान कोण में ऊँची तथा पश्चिम दिशा में नीची हो उसे 'दैत्यपृष्ठ' भूमि कहते हैं। ऐसी भूमि जन-धननाशक और सुख-शांति में अवरोधक होती है।

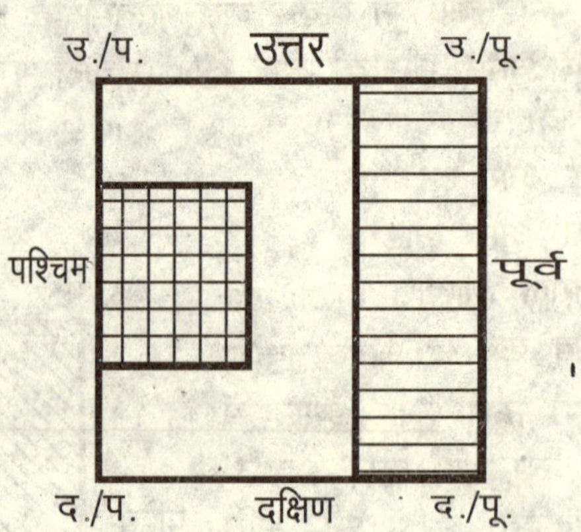


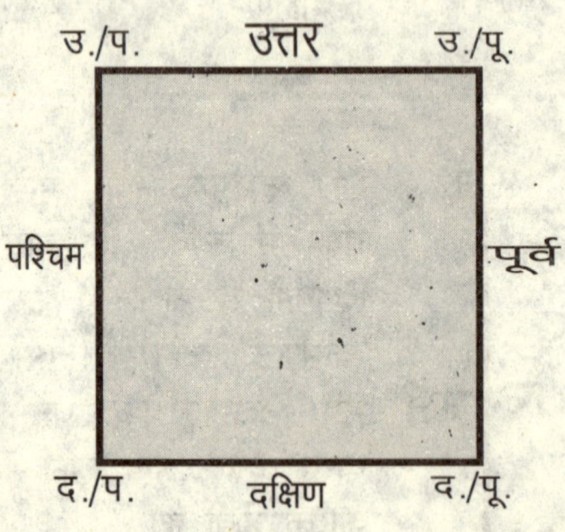


(4) **नागपृष्ठ**—जो भूमि पश्चिम दिशा में लंबी हो तथा दक्षिण व उत्तर दिशा में ऊँची तथा मध्य में नीची हो, ऐसी भूमि 'नागपृष्ठ' भूमि कहलाती है। ऐसा भूखंड मृत्यु भय-कारक एवं शत्रु भयकारक होता है और स्त्री-संतान के लिए हानिकारक होता है।

# भूमि परीक्षण की विधियाँ

## प्रथम विधि

भूखंड के ब्रह्म स्थान (मध्य बिंदु) तथा चारों दिशाओं में गहरे गड्ढे खोदकर मिट्टी निकाल लें और इन गड्ढों में मुख तक पानी भर दें। तत्पश्चात् उत्तर या पूर्व दिशा में सौ कदम चलकर वापिस लौटें और इन गड्ढों में पानी की स्थिति पर दृष्टिपात करें। पानी भरने और लौटकर देखने में करीब तीन मिनट के समय का अंतराल आएगा। गड्ढों में पानी की स्थिति देखकर हम निम्नलिखित निर्णय कर सकेंगे—

1. गड्ढों में जितना पानी भरा गया था यदि उतना ही रहे तो भूखंड सर्वोत्तम है।
2. गड्ढों में यदि पानी की मात्रा आधी रह जाए तो भूखंड मध्यम श्रेणी का है।
3. गड्ढों का पूरा पानी यदि सूख जाए अर्थात् पानी नहीं रहे और दरारें पड़ जाएँ तो भूखंड अशुभ है।
4. गड्ढों में यदि दलदल की स्थिति बन जाए तो भूखंड की भूमि अशुभ मानी जाएगी।

## द्वितीय विधि

भूखंड के उत्तर दिशा के कोण में 45 से.मी. गहरा गड्ढा खोदें। पूरी मिट्टी बाहर निकालकर एक तरफ करें। तत्पश्चात् गड्ढे की पूरी मिट्टी को अंदर डालें। गड्ढे से निकाली गई मिट्टी से हम निम्न निर्णय कर सकेंगे—

1. गड्ढे को वापिस उसी मिट्टी से भरने पर यदि मिट्टी बच जाए तो भूखंड शुभ माना जाएगा।
2. गड्ढे को वापिस उसी मिट्टी से भरने पर यदि पूरी मिट्टी वापिस समा जाए और नहीं बचे तो भूखंड मध्यम श्रेणी का कहलाएगा।
3. गड्ढे को वापिस भरने पर यदि मिट्टी कम पड़ जाए तो भूखंड अशुभ श्रेणी में आएगा।

इस परीक्षण से भूमि के ठोस होने या न होने की जानकारी उपलब्ध होती है।

## भूखंड के विभिन्न आकार

भवन निर्माण के लिए भूखंड खरीदने से पहले उसकी आकृति एवं स्थिति का वास्तु शास्त्र के नियमों के संदर्भ में चिंतन कर लेना श्रेष्ठ होता है। भूखंड के आकार का वास्तु शास्त्र में विशेष महत्त्व है। शुभ या अशुभ स्थिति की ओर प्रस्थान की दिशा में यह प्रथम सोपान है। वास्तु शास्त्र में भूखंड के आकार की महत्ता निम्न श्लोक में वर्णित है—

**आयतं चतुरस्त्रं च वृत्तं भद्रासनं तथा।**<br>
**चक्रं विषमबाहुं च त्रिकोणं शकटाकृतिः।।**<br>
**दण्डं पणवकस्थानं मुरजश्च वृहन्मुखम्।**<br>
**व्यजनं कूर्मपृष्ठं च धनुः सूर्पं च षोडशः।।**

किसी भी भूखंड को उसके आकार के आधार पर निम्न रूप में वर्गीकृत किया जा सकता है—

(1) **वर्गाकार** (**Square**)—जिस भूखंड की लंबाई-चौड़ाई समान हो उसे 'वर्गाकार' भूखंड कहते हैं। ऐसा भूखंड धन लाभवर्द्धक एवं सर्वसुखदायक (over all growth) होता है।

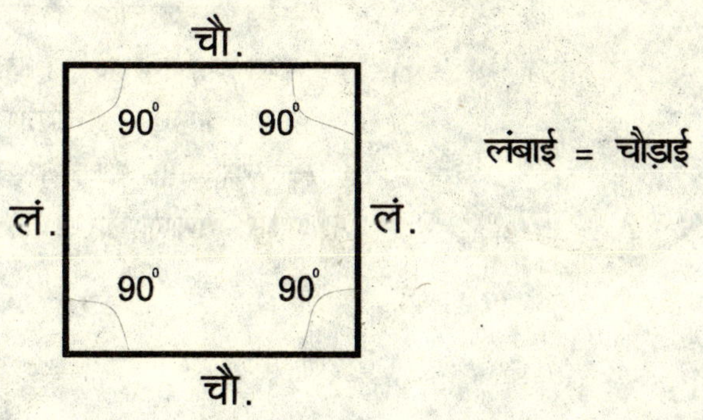

**(2) आयताकार (Rectangular)**— जिस भूखंड की आमने- सामने की भुजाएँ और चारों कोण समान हों उसे 'आयताकार' भूखंड कहते हैं। ऐसे भूखंड शुभ, मंगलकारी एवं लाभदायक होते हैं।

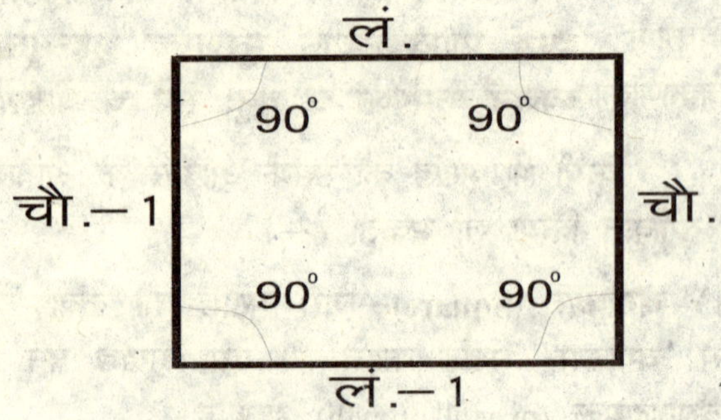


**(3) वृत्ताकार भूखंड (Circular)**— गोल आकारवाला भूखंड 'वृत्ताकार' भूखंड कहलाता है। इस भूखंड पर भवन का निर्माण भी वृत्ताकार में ही होना चाहिए। वृत्ताकार भूखंड पर चतुरस्त्र और दीर्घचतुरस्त्र आकार में भवन निर्माण करना उचित नहीं है।

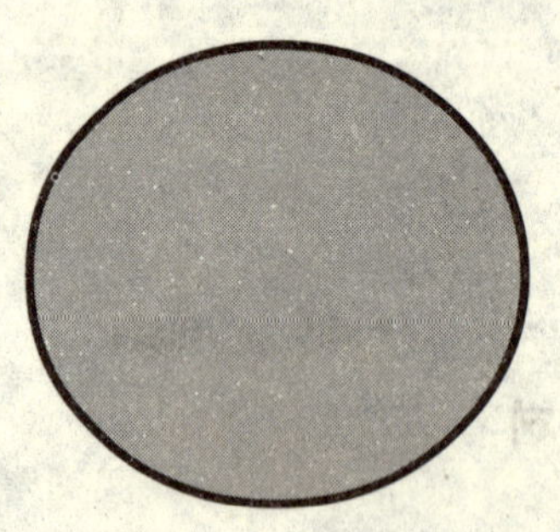

(4) **त्रिकोणाकार भूखंड** (**Triangular**)—जिस भूखंड के तीन कोने और तीन भुजाएँ हों उसे 'त्रिकोणाकार' भूखंड कहते हैं। ऐसे भूखंड में निवास करनेवाला मुकदमेबाजी, राजभय एवं मानसिक परेशानी से पीड़ित रहता है। भूखंड समभुजा वाला होना जरूरी नहीं है। केवल भूखंड का आकार त्रिकोण (चित्र देखें) होने पर त्रिकोणाकार भूखंड कहलाता है।

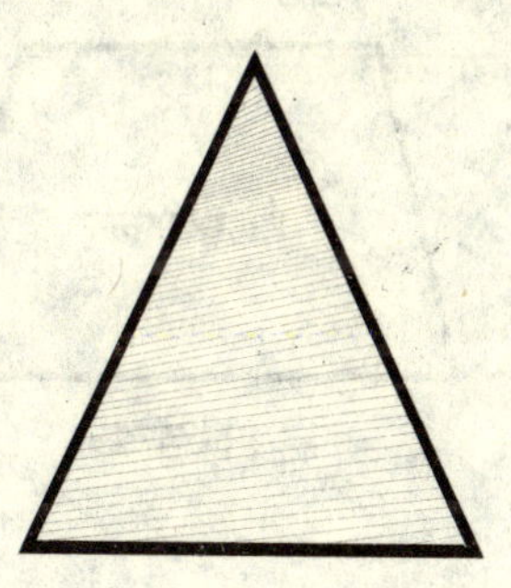

(5) **अंडाकार भूखंड** (**Oval Shape**)—जो भूखंड कछुवे की पीठ या मुरगी के अंडे के आकार का हो उसे 'अंडाकार' भूखंड कहते हैं। ऐसे भूखंड को खरीदने के बाद उससे मुक्ति पाना आसान काम नहीं है। इसमें निवास करनेवाला हमेशा तनावग्रस्त रहता है जिसका फल हानिकारक होता है। ऐसा भूखंड आवासीय दृष्टि से अनुपयुक्त, परंतु धार्मिक (religious) कार्यों के लिए उपयुक्त होता है।

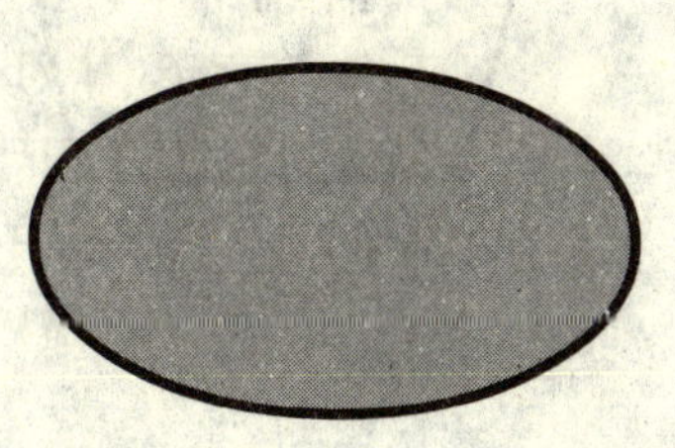

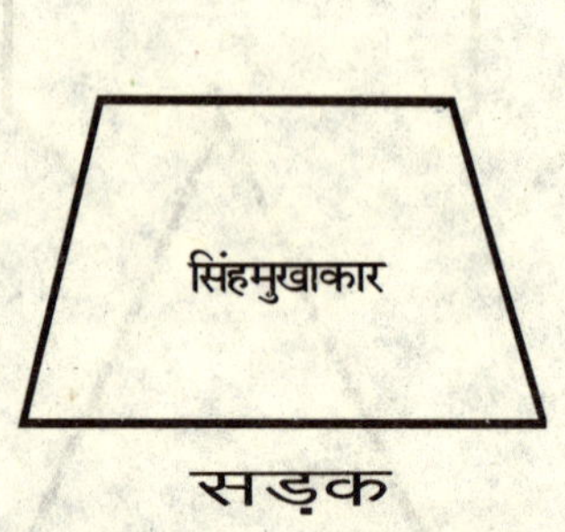


(6) **सिंह मुखाकार भूखंड**—ऐसा भूखंड जिसकी आगे की लंबाई (front length) पीछे की लंबाई (rear length) की तुलना में ज्यादा हो, 'सिंहमुखाकार' भूखंड कहते हैं। ऐसे भूखंड आवास के लिए अशुभ व व्यापारिक प्रतिष्ठानों के लिए शुभ होते हैं। हर दिशा का अपना पृथक् महत्त्व है।

(7) **गोमुखाकार**—ऐसे भूखंड जिसकी आगे की लंबाई (front length) पीछे की लंबाई (rear length) की तुलना में कम हो, उसे 'गोमुखाकार' भूखंड कहते हैं। ऐसे भूखंड आवास के लिए शुभ व व्यापारिक प्रतिष्ठानों के लिए अशुभ होते हैं।

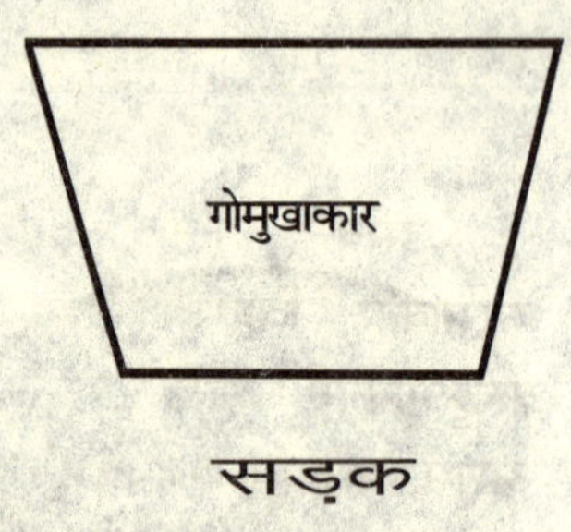

(8) **अष्टकोणाकार भूखंड**—जिस भूखंड के आठ कोण हों उसे 'अष्टकोणाकार' भूखंड कहते हैं। ऐसा भूखंड सुखदायक व उन्नतिदायक होता है।

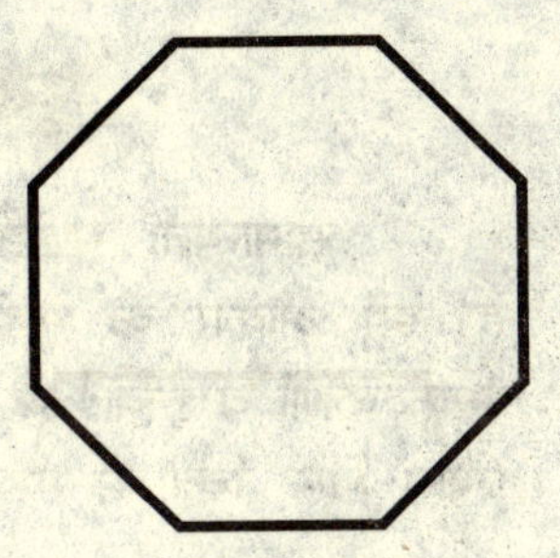

(9) **अर्धवृत्ताकार भूखंड** (Semi-Circular)—ऐसे भूखंड को 'अर्धचंद्राकार' भूखंड भी कहते हैं। ऐसा भूखंड अशुभ एवं दरिद्रता बढ़ानेवाला होता है जिसमें चोरी का भय सन्निहित होता है।

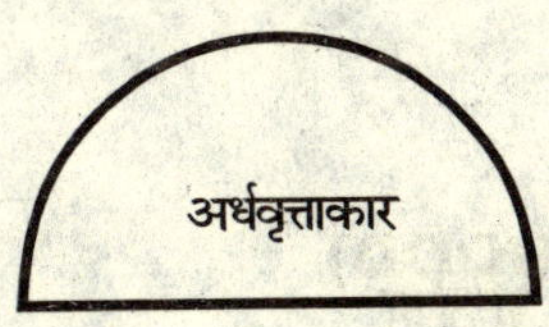


अर्धचंद्राकार

इसके अलावा धनुषाकार (Bow shape), डमरू आकार, फरसाकार, विषमबाहु, शूर्पाकार (छाजला), सितारानुमा, शक्लाकार, कछुआकार आदि नाना प्रकार के कष्टदायक, नुकसानदायक, अशुभ, शत्रुभय एवं पशुधननाशक फल देनेवाले भूखंड भी होते हैं।

## भूखंडों का विस्तार

सामान्यतः भूखंडों का आकार आयताकार, वर्गाकार ही होता है। इस आकार के भूखंड भवन निर्माण के लिए उपयुक्त होते हैं। इनके कोणों व लंबाई के आधिक्य का पृथक्-पृथक् महत्त्व है। इनके प्रभाव निम्न चित्रों में स्पष्ट हैं—

(1) ऐसा भूखंड जिसके उत्तरी-पूर्वी कोने में आधिक्य हो, लाभदायक एवं श्रेष्ठ होता है।

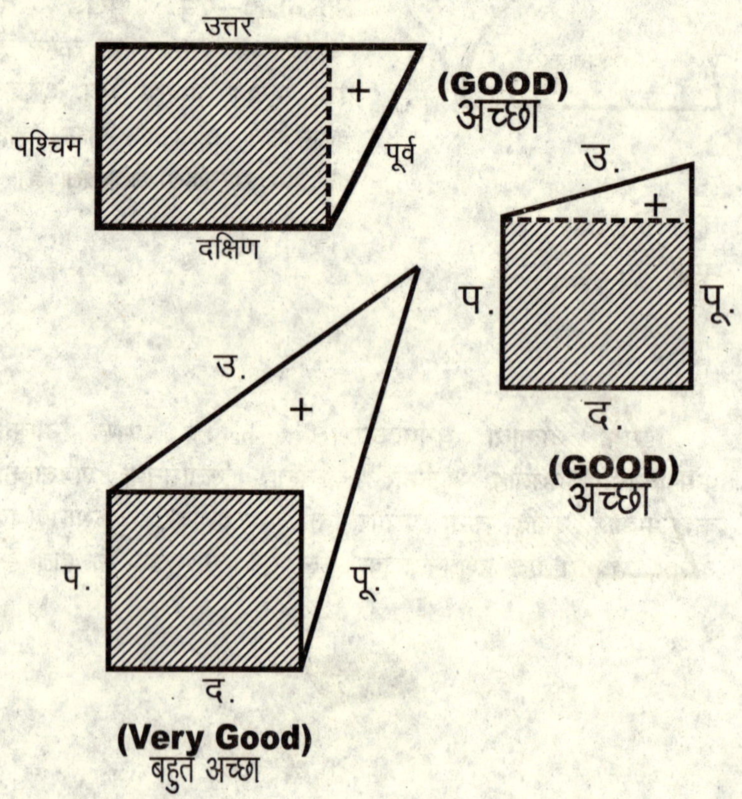

(2) ऐसा भूखंड जिसका उत्तरी-पश्चिमी कोना बढ़ा हुआ हो, अशांतिदायक एवं हानिकारक होता है। ऐसी त्रुटि का निवारण आवश्यक है।

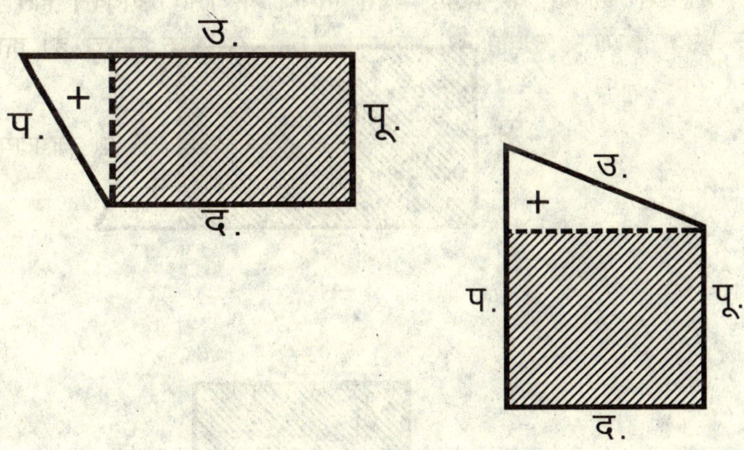


(3) ऐसा भूखंड जिसका पश्चिमी-दक्षिणी कोना बढ़ा हुआ हो, अशुभ एवं अमंगलकारी होता है। इस स्थिति में भी परिवर्तन आवश्यक है।

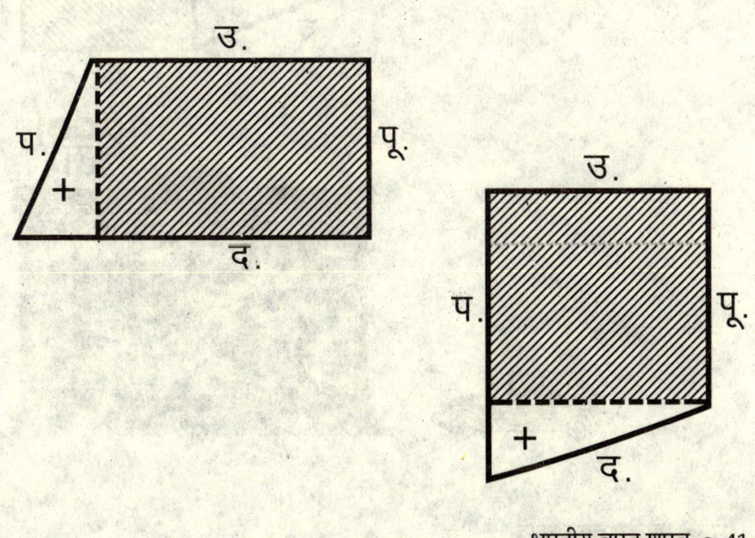

(4) ऐसा भूखंड जिसका पूर्वी-दक्षिणी कोना बढ़ा हुआ हो, अशुभ एवं राजभयदायक होता है। निर्माण की दृष्टि से यह स्थिति वर्जनीय है।

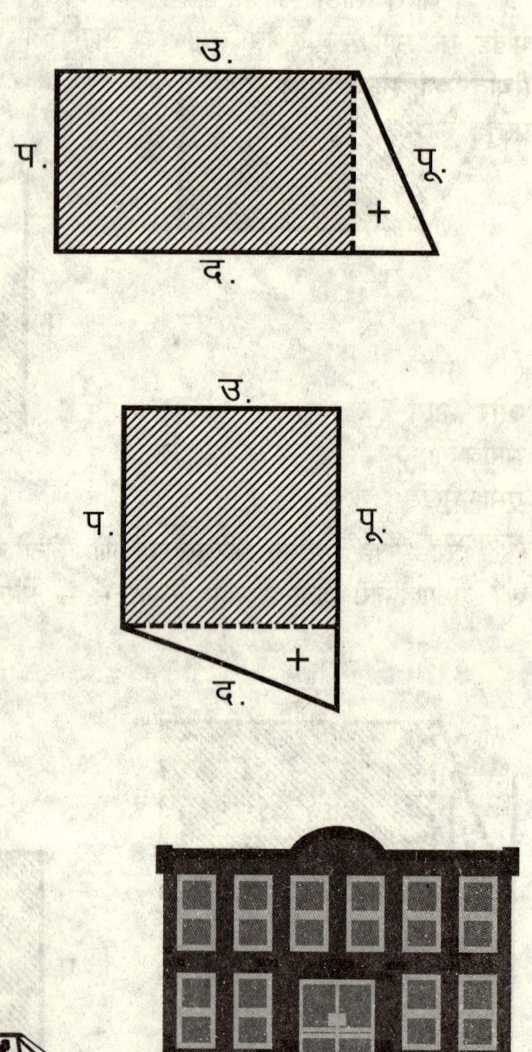

## भूखंड स्थिति एवं मार्ग

वास्तु शास्त्र में इस चीज का विशेष महत्त्व है कि किसी भूखंड के मार्ग की स्थिति क्या है? मार्ग की विभिन्न दिशाओं की स्थिति का महत्त्व एवं प्रभाव विविधरूपा है। इसका सचित्र वर्णन प्रस्तुत है।

### एक तरफ मार्गवाले भूखंड

(1) **भूखंड के पूर्व (East) की ओर मार्ग**—पूर्व दिशा की ओर मार्गवाला भूखंड श्रेष्ठ होता है। ऐसा भूखंड स्वामी के लिए शुभ फलदायक होता है।

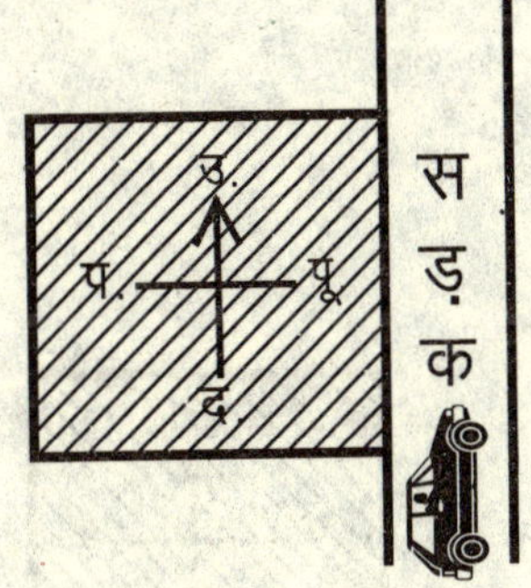


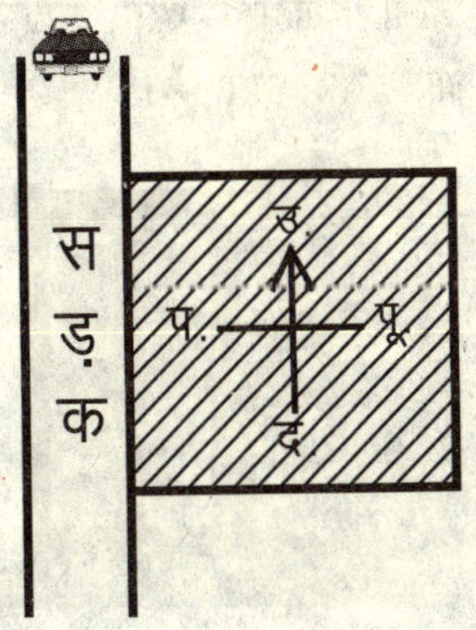


(2) **भूखंड के पश्चिम (West) की ओर मार्ग**–पश्चिम दिशा की ओर मार्गवाला भूखंड पश्चिम-मुखी भूखंड कहलाता है। ऐसे भूखंड का स्वामी के पुत्रों पर विशिष्ट प्रभाव होता है।

(3) **भूखंड के उत्तर (North) की ओर मार्ग**--वह भूखंड जिसकी उत्तर दिशा में सड़क हो, उत्तर-मुखी भूखंड कहलाता है। ऐसा भूखंड़ उत्तम श्रेणी का माना जाता है। जिसका परिवार के नारी सदस्यों एवं आर्थिक स्थिति पर प्रभाव पड़ता है।

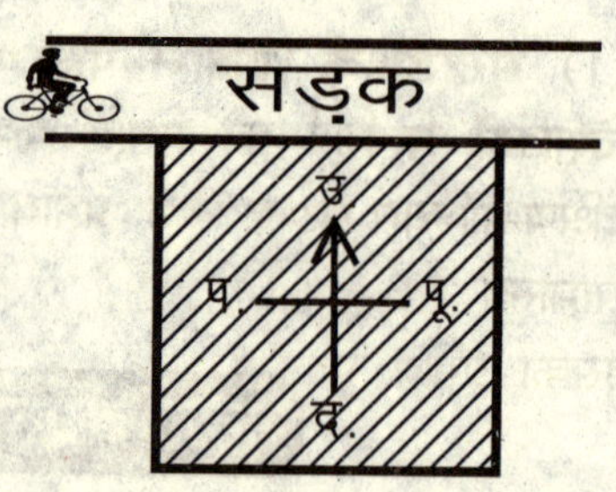


(4) **भूखंड के दक्षिण (South) की ओर मार्ग**—ऐसा भूखंड जिसकी दक्षिण दिशा में मार्ग हो दक्षिण-मुखी भूखंड कहलाता है। दक्षिण दिशा को आमतौर पर अशुभ माना जाता है। इसपर भवन निर्माण वास्तु नियमों के अनुसार होना चाहिए। ऐसा भूखंड सामान्य श्रेणी का होता है।

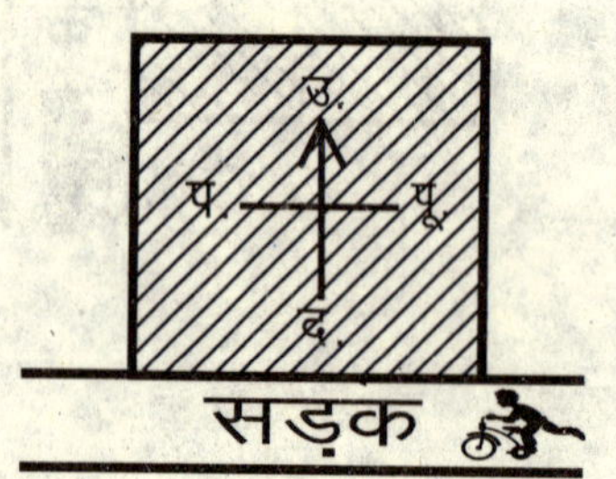


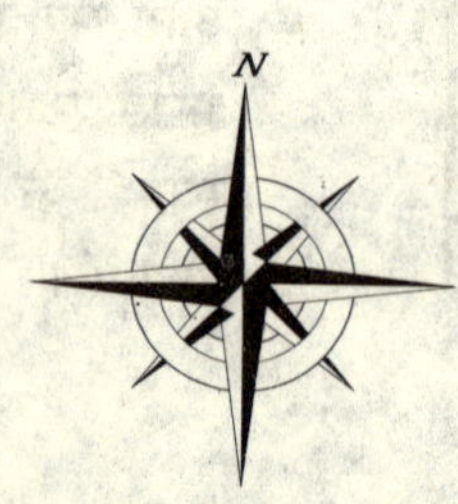

# दो तरफ मार्गवाले भूखंड

(1) **भूखंड के दक्षिण-पश्चिम दिशा में मार्ग**—ऐसा भूखंड जिसके दक्षिण-पश्चिम दिशा में सड़क हो, सामान्य (Normal) होता है तथा इसका प्रभाव सामान्य होता है।

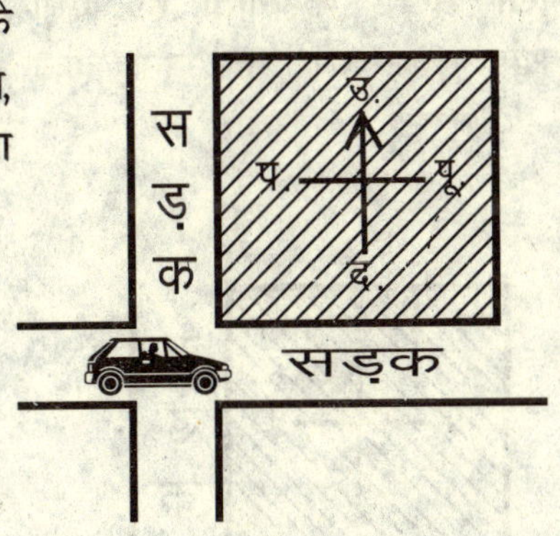


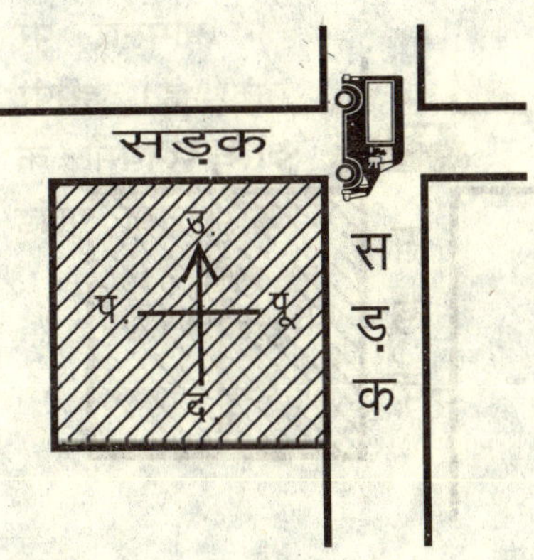


(2) **भूखंड के उत्तर-पूर्व दिशा में मार्ग**—ऐसा भूखंड जिसके उत्तर-पूर्व में सड़क हो, श्रेष्ठतम होता है। ऐसे भूखंड पर निर्मित भवन के स्वामी को सुख- समृद्धि सहज में प्राप्त होती है।

ऐसे भूखंड का ईशान कोण यदि गोलाई युक्त हो तो वह भूखंड सामान्य श्रेणी का ही होगा।

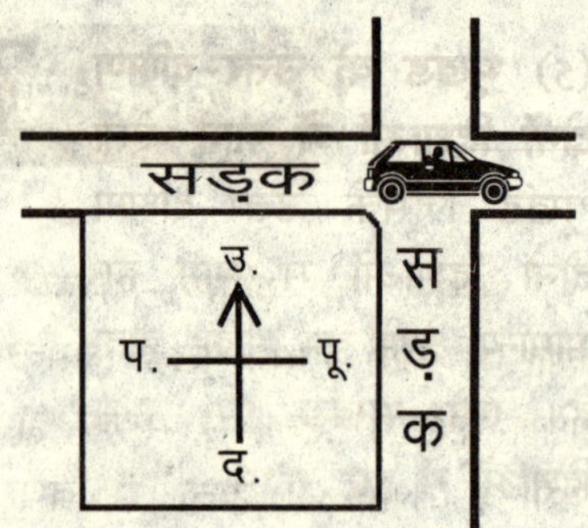


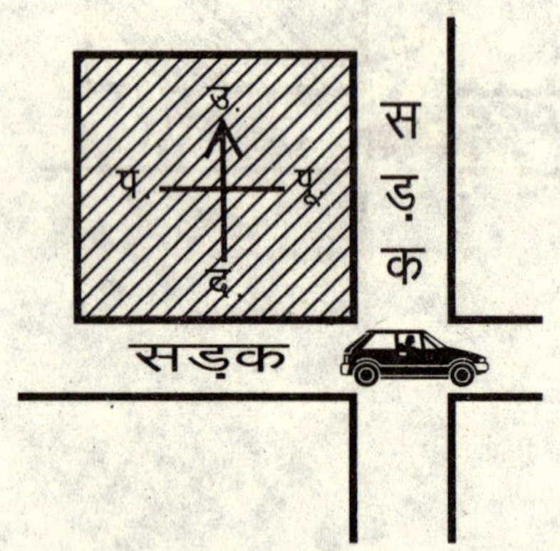


(3) **भूखंड के दक्षिण-पूर्व दिशा में मार्ग**—ऐसा भूखंड जिसकी दक्षिण और पूर्वी दिशा में सड़क हो, अशुभकारक होता है।

(4) **भूखंड के उत्तर-पश्चिम दिशा में मार्ग**—ऐसा भूखंड जिसके उत्तर-पश्चिम दिशा में सड़क हो, सामान्य श्रेणी का भूखंड होता है।

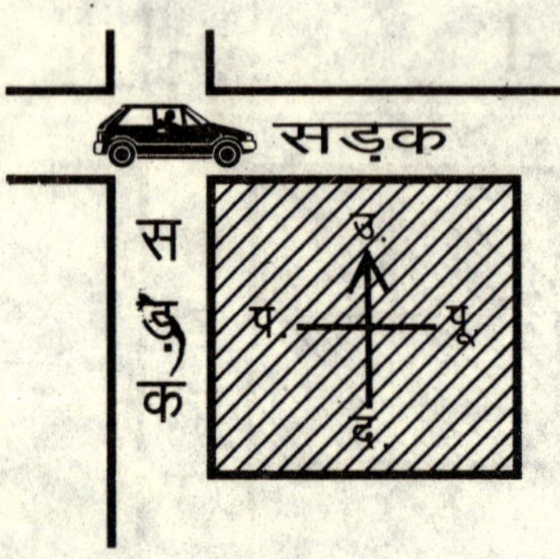

(5) **भूखंड के उत्तर-दक्षिण दोनों दिशाओं में मार्ग**—ऐसा भूखंड जिसके उत्तर-दक्षिण दोनों दिशाओं में मार्ग हो, सामान्य श्रेणी का भूखंड होता है। ऐसे भूखंड पर दोनों दिशाओं में द्वार रखना निषिद्ध है।

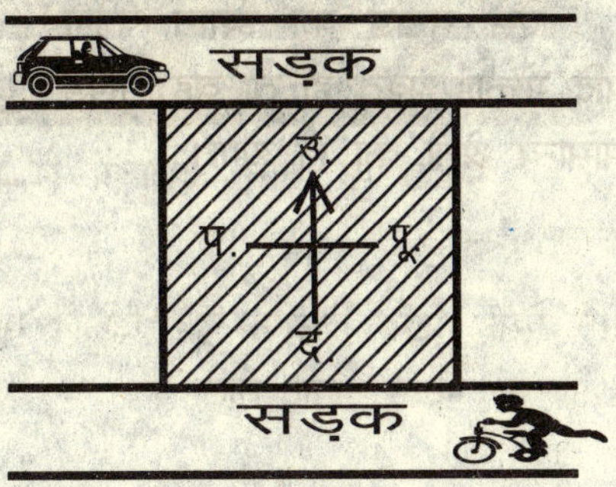


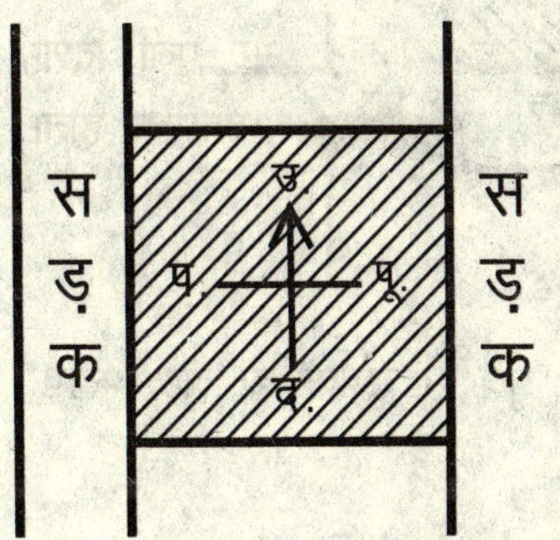


(6) **भूखंड के पूर्व-पश्चिम दोनों दिशाओं में मार्ग**—ऐसा भूखंड जिसके पूर्व-पश्चिम दिशा की ओर सड़क हो, सामान्य श्रेणी का भूखंड होता है।

## भूखंड के तीन दिशाओं में मार्ग होना

भूखंड के तीन दिशाओं में सड़क होने पर चार स्थितियाँ बनती हैं—

(1) ऐसा भूखंड जिसके पूर्व, दक्षिण एवं पश्चिम में मार्ग हो, सामान्य श्रेणी का भूखंड माना जाता है।

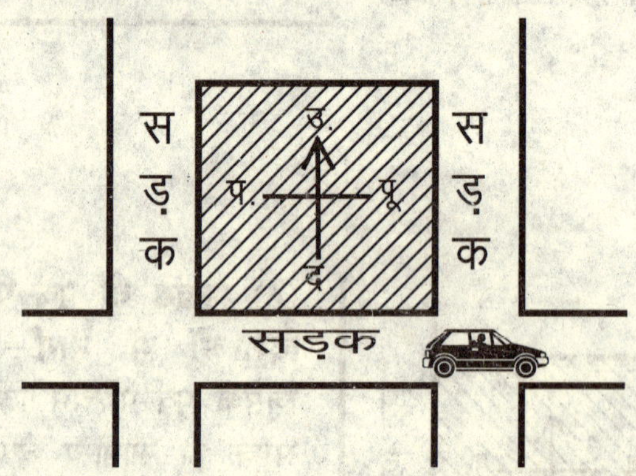


(2) जिस भूखंड के पश्चिम, उत्तर और पूर्व में सड़क हो वह भूखंड सामान्य श्रेणी का होता है।

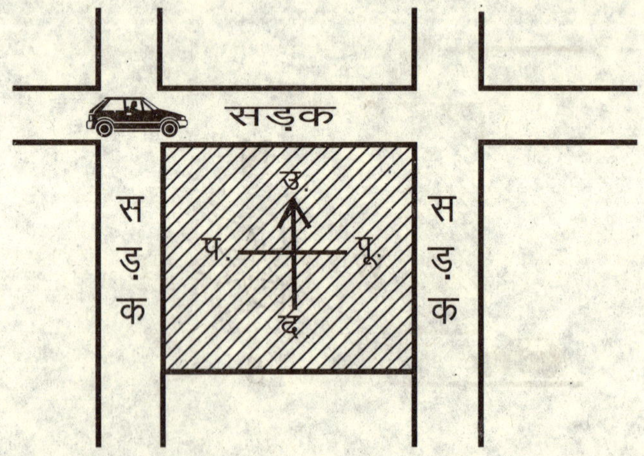

(3) यदि भूखंड के उत्तर, पश्चिम एवं दक्षिण दिशा में सड़क हो तो वह भूखंड सामान्य श्रेणी का होता है।

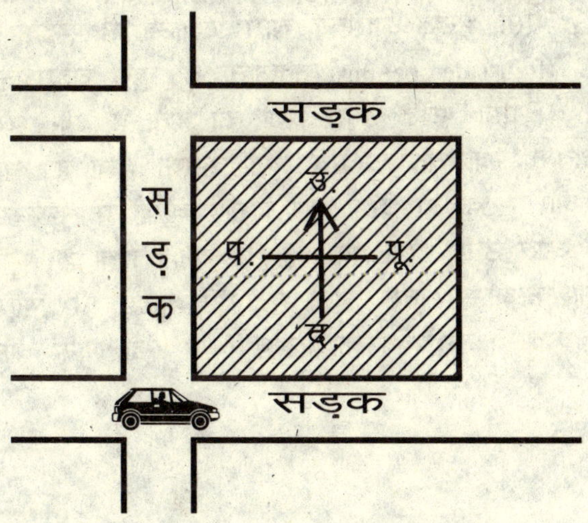


(4) यदि भूखंड के पूर्व, उत्तर और दक्षिण दिशा में सड़क हो तो वह भूखंड सामान्य श्रेणी का होता है।

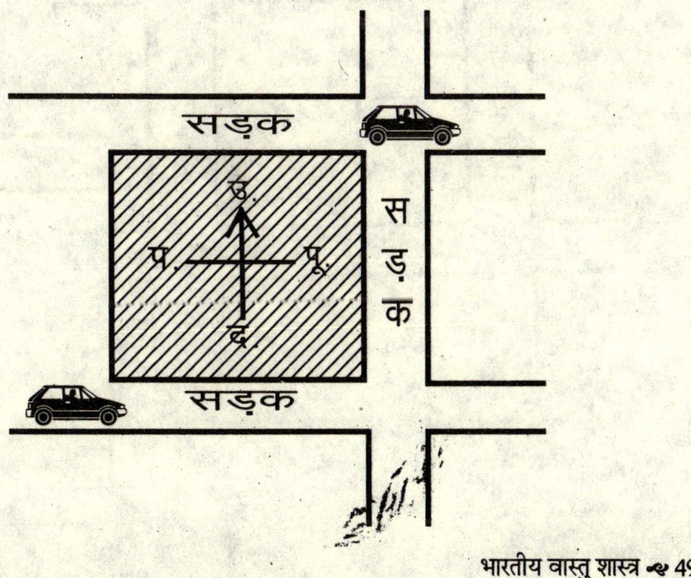

# चारों दिशाओं में मार्ग वाले भूखंड

ऐसा भूखंड जिसकी चारों दिशाओं में सड़क हो, चारमुखी भूखंड (four side opening) कहलाता है। इसे बह्मस्थल भूखंड भी कहते हैं। ऐसा भूखंड उत्तम श्रेणी का होता है और स्वामी के लिए लाभदायक, स्वास्थ्यवर्धक एवं समृद्धिकारक होता है। यदि भूखंड के चारों ओर सड़क हो और सभी दिशाएँ चौराहे के रूप में हों तो वह भूखंड अति उत्तम श्रेणी का (very best plot) होता है। सुरक्षा की दृष्टि से आशंकाओं से घिरा रहता है। ऐसे भूखंड पर निर्मित भवन में सुरक्षा व्यवस्था के प्रबंध का विशेष ध्यान रखा जाना चाहिए।

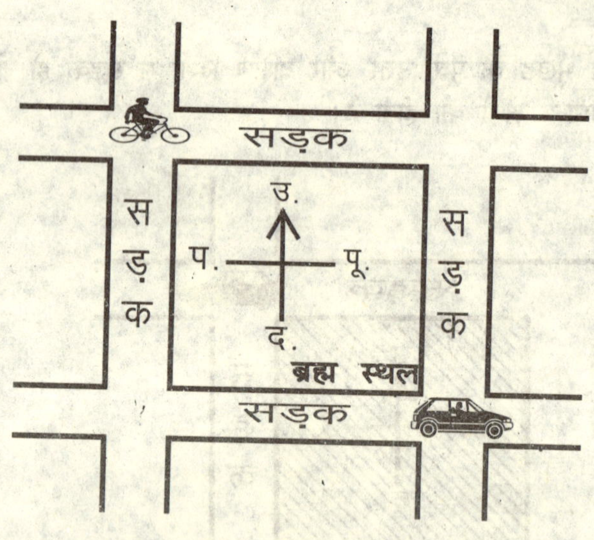

## वेध दोषयुक्त भूखंड

भूखंड के पास मंदिर, स्तंभ, नाव, कीचड़, गड्ढा इत्यादि स्थित होने पर वेध दोष माना जाता है। भूखंड के पास यदि दो मार्ग मिलते हों तो इससे भी वेध दोष हो सकता है। वेध दोष के कारण उत्तम भूखंड भी दोषयुक्त हो जाता है।

## एक दिशा में मार्ग–वेधयुक्त भूखंड

(1) यदि भूखंड के पूर्व दिशा की ओर सड़क है और पूर्व दिशा में मार्ग–वेध है तो ऐसा भूखंड मार्ग–वेध होने पर भी वेध दोष से मुक्त माना जाएगा।

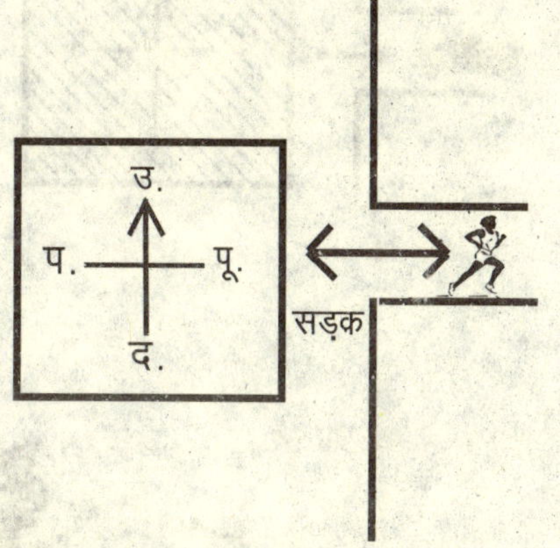


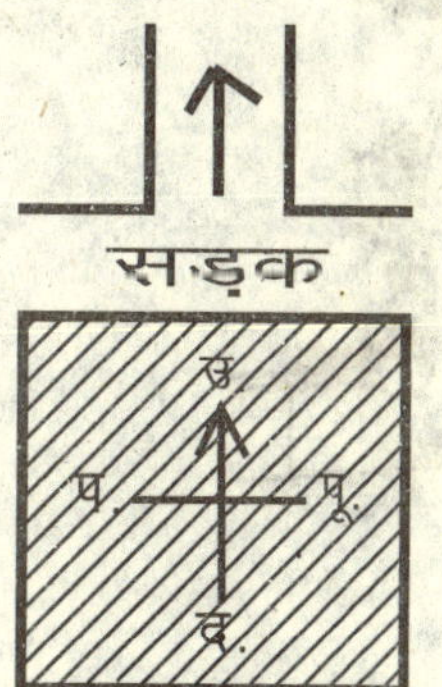


(2) यदि भूखंड के उत्तर दिशा की ओर सड़क है। उस उत्तरी दिशा में मार्ग–वेध है तो ऐसा भूखंड मार्ग–वेध होने पर भी वेध दोष से मुक्त माना जाएगा। इसपर भवन निर्माण किया जा सकता है।

(3) यदि भूखंड के दक्षिणी दिशा की ओर सड़क हो और दक्षिण दिशा में मार्ग-वेध हो तो वह भूखंड अशुभ श्रेणी में आता है।

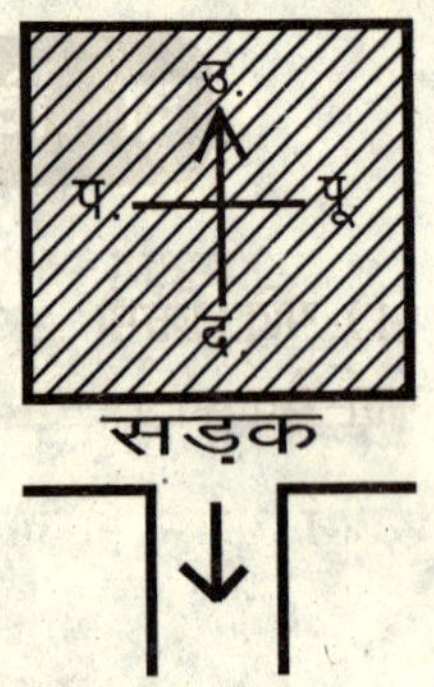


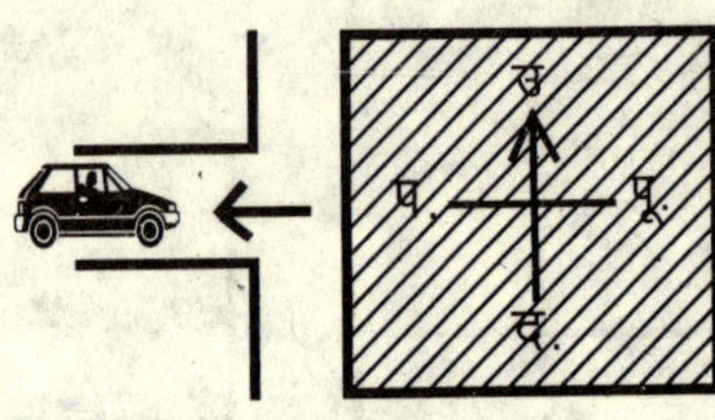


(4) यदि भूखंड के पश्चिम दिशा की ओर सड़क हो और उसी दिशा में मार्ग-वेध हो तो ऐसा भूखंड दोषयुक्त श्रेणी में आता है।

# दो दिशा से वेधयुक्त भूखंड

(1) यदि किसी भूखंड के दो दिशाओं में सड़क हो और दोनों में मार्ग-वेध हो तो ऐसा भूखंड दोषपूर्ण श्रेणी में आता है।

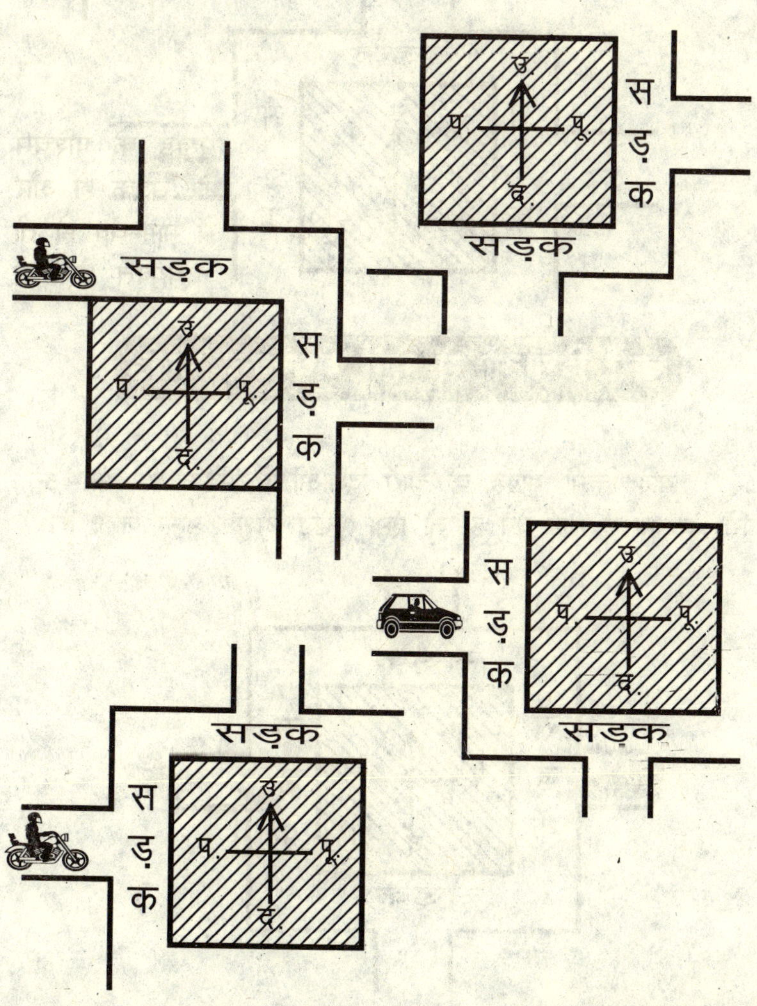

## तीन दिशाओं से वेधयुक्त भूखंड

यदि भूखंड की तीन दिशाओं में सड़क हो और तीनों दिशाओं में मार्ग -वेध हो तो ऐसा भूखंड दोषपूर्ण भूखंड माना जाता है।

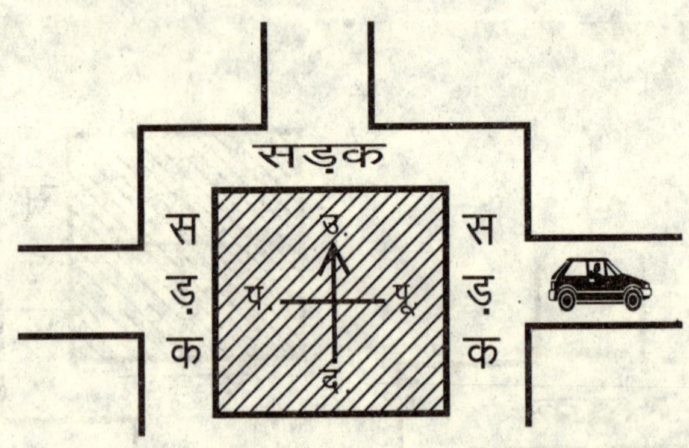


## चारों दिशाओं से मार्ग वेधयुक्त भूखंड

यदि किसी भूखंड के चारों दिशाओं में सड़क हो और उन चारों दिशाओं में मार्ग–वेध हो तो ऐसा भूखंड अशुभ माना जाता है।

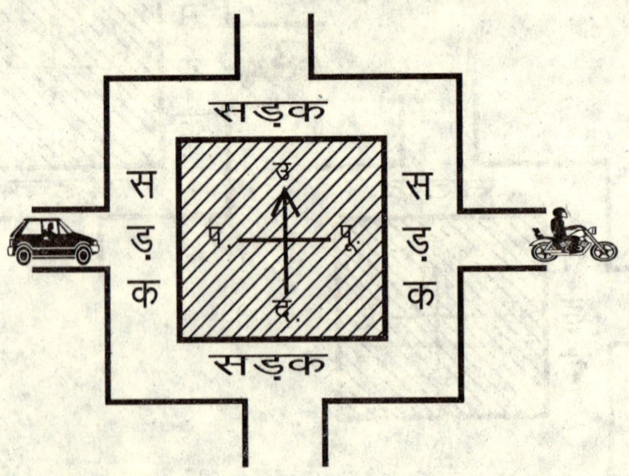

## दो विपरीत दिशाओं में मार्ग वेधयुक्त भूखंड

ऐसा भूखंड जिसके दो विपरीत दिशाओं में सड़क हो और उनमें मार्ग-वेध हो तो ऐसा भूखंड अशुभ एवं त्याज्य है।

जिस सड़क के अंतिम छोर पर मार्ग बंद हो जाता है वहाँ स्थित भूखंड भी वास्तु शास्त्र के नियमों के अनुसार दोषयुक्त माना गया है।

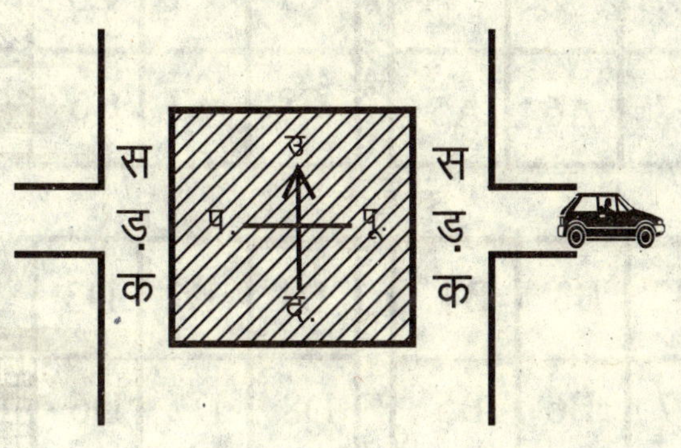


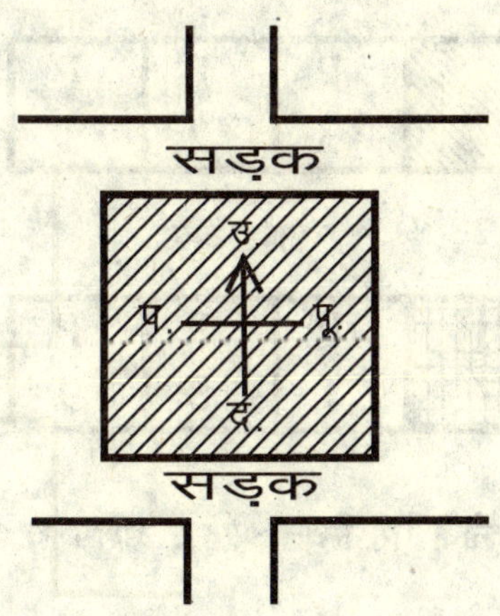

चित्रों में भूखंड संख्या C-4, C-5, D-4, D-5, P-4, P-5, P-6 जहाँ पर स्थित हो वहाँ मार्ग बंद है।

सड़क

| | | | | | | | | |
|---|---|---|---|---|---|---|---|---|
| A1 | A2 | A3 | A4 | स | C1 | C2 | C3 | C4 |
| A8 | A7 | A6 | A5 | ड़<br>क | C8 | C7 | C6 | C5 |

सड़क

| | | | | | | | | |
|---|---|---|---|---|---|---|---|---|
| B1 | B2 | B3 | B4 | स | D1 | D2 | D3 | D4 |
| B8 | B7 | B6 | B5 | ड़<br>क | D8 | D7 | D6 | D5 |

सड़क

| | | | | |
|---|---|---|---|---|
| P5 | P 4 | P 3 | P 2 | P 1 |
| | सड़क | | | |
| | P 6 | P 7 | P 8 | P 9 |

इस प्रकार के कोनों पर स्थित भूखंड अशुभ व दोषयुक्त होते हैं।

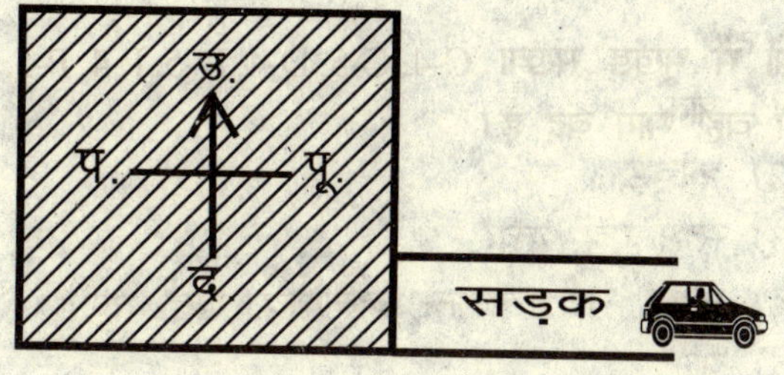


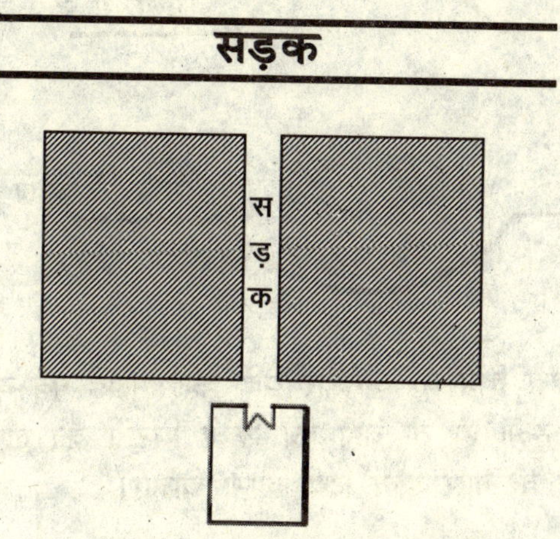


दो भवनों के बीच की सँकरी गली के सामने स्थित प्रवेश द्वार नुकसानदायक होता है।

**अन्य वेध दोष**

(1) मंदिर,
(2) कीचड़,
(3) स्तंभ एवं पत्थर,
(4) गड्ढा, नदी, तालाब, जलाशय, खाई, कुआँ,
(5) वृक्ष,
(6) कब्रिस्तान, श्मशान भूमि, मकबरा,
(7) द्वार वेध।

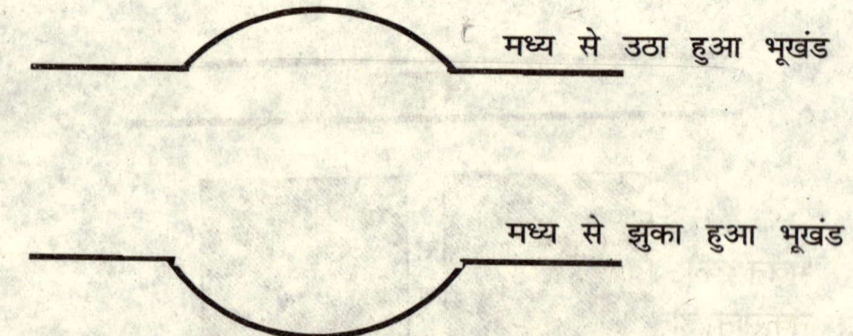


उपरोक्त चित्र के अनुसार यदि कोई भूखंड पूर्व या उत्तर की ओर से उठा हुआ हो तो वहाँ की ऊँची मिट्टी को दक्षिण-पश्चिम दिशा में दीवार के पास डाल दिया जाना चाहिए।

भवन का पिछला भाग नीचा नहीं होना चाहिए। इससे व्यापार में नुकसान होने की संभावना बनी रहती है।

दो बहुमंजिला भवनों के मध्य में स्थित भवन के निवासी को आर्थिक कठिनाई होती है।

## वास्तु ज्ञान में बीम एवं कॉलम का महत्त्व

## [Importance of Beam column in Vastu]

कमरे में बीम का प्रभाव उसकी स्थिति पर निर्भर करता है। भार वहन करने पर बीम में दबाव उत्पन्न होता है। अतः बीम के नीचे पलंग, खाने की टेबल, आसन, चेयर आदि होना अनुचित है। बीम या गार्डर खुद तनाव में रहता है, अतः उसके नीचे बैठनेवाले को भी तनावग्रस्त करता है। कार्य में अवरोध उत्पन्न करता है।

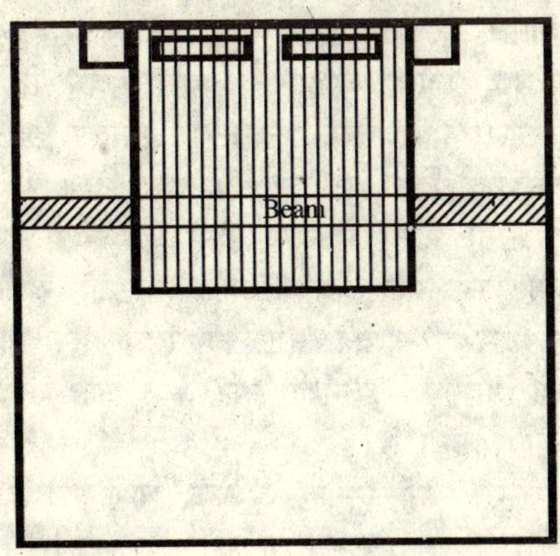


**बीम का दोष निवारण**

(1) बीम को सीलिंग टाइल्स अथवा सीलिंग से आवरित (covered) कर देना चाहिए।

(2) बीम के नीचे दर्पण लगाया जा सकता है।

(3) बीम के साइडों में बाँसुरी लगाने से दोषरहित स्थिति बन जाती है। यह उपाय विदेशों में भी किया जाता है, जैसे—जापान, हाँगकाँग, चीन आदि।

(4) बीम के दोनों साइडों में वास्तु दोषनाशक हरे रंग का गणपति लगाया जा सकता है।

# भवन में पेड़-पौधों पर विचार

प्राचीन काल ही से मनुष्य वृक्षारोपण करता रहा है। भारत के ऋषि-मुनियों ने वृक्षों के महत्त्व को समझा। जिनका वेद शास्त्रों में वर्णन मिलता है। पेड़-पौधों के महत्त्व को गौण करने के कारण ही पर्यावरण की समस्या उत्पन्न हुई। मानव जीवन एवं वनस्पति विज्ञान परस्पर पूरक हैं। इसीलिए पेड़-पौधों का जीवन में अत्यंत महत्त्व है।

वास्तु शास्त्र के अनुसार भवन के बाहर बड़े वृक्ष लगाते समय यह ध्यान रखा जाना चाहिए कि वृक्ष भवन से इतनी दूरी पर हों कि प्रातः से तीसरे पहर तक भवन पर उनकी छाया नहीं पड़े।

भवन के पूर्व दिशा में वट, पश्चिम दिशा में पीपल, दक्षिण दिशा में गूलर व उत्तर दिशा में कैथ होना शुभ होता है।

भवन के पास बेर, बबूल आदि काँटेदार वृक्षों से शत्रु-भय, दूधवाले वृक्षों से धन-हानि की आशंका रहती है। यदि इन्हें रखना आवश्यक हो तो अशोक, मौलश्री आदि के वृक्ष लगाकर यह दोष निवारण किया जा सकता है।

पुन्नाग, नीम, आम, अनार, अशोक, नारियल के वृक्ष का फल शुभदायक होता है। ज्योतिष शास्त्र में वृक्ष एवं बगीचा लगाने के भी मुहूर्त निर्दिष्ट होते हैं।

'वास्तु-राज वल्लभ' व 'वृहत्संहिता' में किस दिशा में कौन सा वृक्ष होना चाहिए, इसका विस्तार से उल्लेख है।

तुलसी (Holy Basu) को ऑचिमुम सांक्तुम लिनिअस *(Ocimum sanctum* Linn.) वनस्पति नाम से जाना जाता है। तुलसी के पौधे के गुणों की चर्चा अनेक ग्रंथों में है। यह पौधा कृमिनाशक होता है और दूषित वायु को शुद्ध करता है।

तुलसी का पौधा समस्त पौधों में अत्यंत महत्त्वपूर्ण होता है। तुलसी के पौधे कई प्रकार के होते हैं। जैसे—(1) श्रीकृष्ण तुलसी, (2) राम तुलसी, (3) भू-तुलसी, (4) लक्ष्मी तुलसी, (5) श्याम (काली) तुलसी, (6) वन तुलसी, (7) रक्त तुलसी। हर तुलसी का अलग-अलग महत्त्व एवं फल होता है।

# किराए के भवन के संबंध में वास्तु नियम

## [on Rent]

यांत्रिक त्रुटिवाली किराए की मोटरकार में यात्रा करना खतरनाक ही नहीं, जानलेवा भी हो सकता है। वास्तु दोषयुक्त किराए के भवन से उत्पन्न त्रुटियों का प्रभाव उसमें रहनेवाले व्यक्ति पर पड़े बिना नहीं रहता। जैसे, छेदवाली छतरी चाहे किसीकी हो, वर्षा के जल व धूप से रक्षा नहीं कर सकती।

भवन में फर्नीचर, साज-सज्जा आदि से वास्तु दोष को कुछ सीमा तक दूर किया जा सकता है।

यदि भवन का कुछ भाग किराए पर देना हो तो भवन मालिक को पूर्वी या उत्तरी भाग में रिहाइश रखनी चाहिए। किराएदार को पश्चिमी या दक्षिणी भाग दें। भवन के उत्तर-पूर्व में न्यून भार रखना चाहिए।

## गोबर गैस प्लांट

भारत कृषिप्रधान देश है। पशुधन का यहाँ विशेष महत्त्व है। गोबर गैस प्लांट के विषय में आमतौर पर यह धारणा होती है कि यह अग्नि से संबंधित है। इसलिए इसका निर्माण आग्नेय दिशा में होना चाहिए, परंतु इस प्लांट में अग्नि प्रज्वलित नहीं होती। गैस भवन के आग्नेय ग्रह में रखे गैस चूल्हे में प्रवेश होने पर ही आग में परिवर्तित होती है। इस प्लांट में इस तकनीकी बिंदु पर ध्यान रखा जाना चाहिए। गोबर गैस प्लांट के लिए गड्ढा (pit) निश्चित होता है। वास्तु शास्त्र में किस गृह/दिशा में गड्ढा होना चाहिए, इसका विस्तार से उल्लेख है। विशेष रूप से गड्ढा द्वार-दोष से मुक्त होना चाहिए।

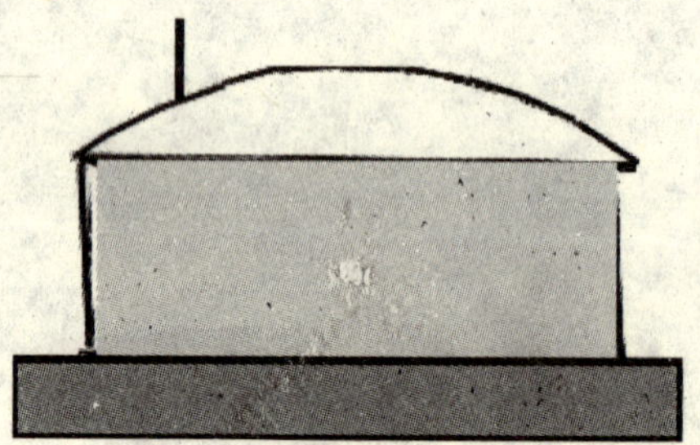

# होटल, रेस्टोरेंट
## [Hotels & Restaurants]

वर्तमान में होटल, रेस्त्राँ, मैरिज-पैलेस (विवाह-मंडप) एवं जलपान गृहों ने एक उद्योग का रूप ले लिया है। किसी भी प्रकार के होटल, भोजनालय आदि का निर्माण करने से पहले भूमि का चयन एवं दिशा का ज्ञान कर लेना हितकारी होता है।

* होटल या भोजनालय का मुख्यद्वार वास्तु के नियमानुसार होना चाहिए।
* ईशान कोण यथासंभव खाली रखा जाए अथवा वहाँ स्वागत कक्ष बनाया जाए।
* रसोईघर दक्षिण-पूर्व क्षेत्र में स्थापित होना चाहिए ।
* विद्युत्, जेनरेटर, ट्रांसफार्मर आदि अग्नि कोण में रखे जाएँ।
* स्विमिंग पूल (तालाब) उत्तर-पूर्व ईशान कोण में बनवाना श्रेष्ठ होता है।
* मीटिंग हॉल वायव्य कोण में उचित रहता है।
* स्टोर कक्ष हेतु दक्षिण-पश्चिम या दक्षिण-पश्चिम का कोण उपयोग में लेना चाहिए।
* बालकनी सदैव ईशान कोण में होनी चाहिए।
* होटल के कमरों में फर्नीचर, पलंग, सोफा आदि का स्थान वास्तु नियमों के अंतर्गत किया जाना चाहिए।
* भवन का निर्माण दक्षिण-पश्चिम की तुलना में पूर्व-उत्तर दिशा में अधिक खुला स्थान छोड़कर करना चाहिए।
* भवन में दक्षिण-पश्चिम कोण $90^0$ का होना चाहिए। प्लॉट के पूर्व-उत्तर दिशा में सड़कें शुभ होती हैं।

* ढाल ईशान कोण में होना चाहिए।
* पूर्व से पश्चिम, उत्तर से दक्षिण का भाग अधिक ऊँचा रखा जाए।
* पलंग/बिस्तर इस तरह लगा होना चाहिए कि व्यक्ति का सिर दक्षिण दिशा में, पैर उत्तर दिशा में रहें। मनुष्य का सिर दक्षिणी ध्रुव में और पैर उत्तरी ध्रुव में रहें। जिससे सोते समय मनुष्य में चुंबकीय तरंगों के प्रवेश में बाधा नहीं आए। मस्तिष्क संतुलित रहे। यह वैज्ञानिक रूप से पुष्ट तथ्य है।
* कमरे में टेलीविजन (दूरदर्शन) दक्षिण-पूर्व में होना चाहिए।
* कमरे में हीटर (Heater) दक्षिण-पूर्व कोण में रखे जाने चाहिए।
* मैनेजर, महाप्रबंधक का कार्यालय दक्षिण-पश्चिम में रखें। विभिन्न कक्षों का निर्माण प्लॉट की स्थिति को ध्यान में रखते हुए किया जाए।

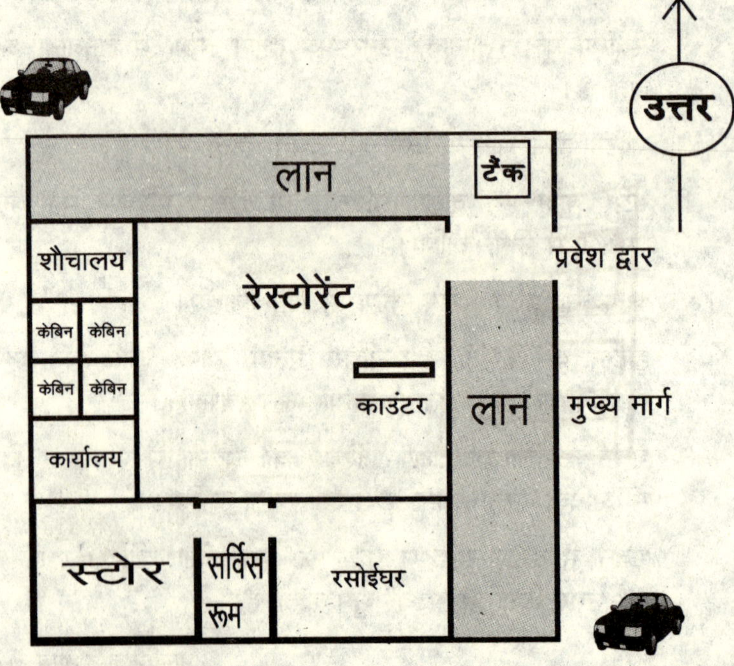

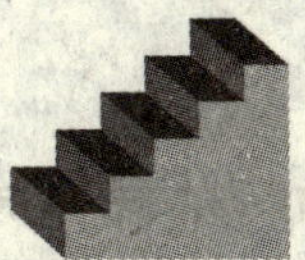

# सीढ़ी सोपान

## [Stair Case]

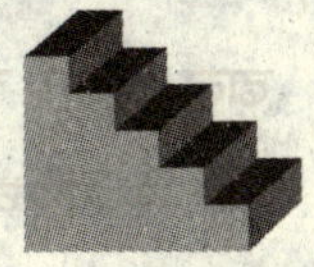

(1) सीढ़ियों का निर्माण भवन के उत्तर–पश्चिम, नैऋत्त दिशा में होना चाहिए।

(2) सीढ़ी भवन के ब्रह्म गृह में नहीं होनी चाहिए।

(3) सीढ़ियों का निर्माण दाईं ओर (दक्षिणावर्त) होना चाहिए।

(4) सीढ़ियों के नीचे कोई महत्त्वपूर्ण कार्यस्थल नहीं होना चाहिए।

(5) सीढ़ियाँ अगर घुमावदार बनानी हों तो वह घुमाव हमेशा पूर्व से दक्षिण, पश्चिम से उत्तर, उत्तर से पूर्व व दक्षिण से पश्चिम दिशा में होना चाहिए।

# स्नानघर

## [Bath Room]

* भवन में स्नानघर का सर्वोत्तम स्थान उत्तर–पूर्व दिशा है।
* पानी का बहाव उत्तर–पूर्व दिशा में होना चाहिए।
* गीजर का संबंध अग्नि से होने के कारण ईशान दिशा में नहीं लगाना चाहिए।
* वास्तु के अनुसार स्नानघर व शौचालय पृथक्–पृथक् होने चाहिए। यदि स्नानघर व शौचालय एक स्थान पर बनाने पड़ें तो इन्हें वायव्य दिशा में बनाएँ।

# भोजन कक्ष

## [Dining Room]

* भोजन कक्ष भवन में पूर्व अथवा पश्चिम दिशा में होना चाहिए।
* उत्तर–पूर्व (ईशान कोण) में भोजनालय नहीं बनाना चाहिए।
* पश्चिम दिशा में भोजन कक्ष से व्यक्ति को शांति एवं सुख मिलता है।

चित्र में जहाँ क्रॉस का चिह्न अंकित है वहाँ भोजन कक्ष अनुपयुक्त है। जहाँ सही का चिह्न अंकित है वहाँ पर भोजन कक्ष उपयुक्त है।

उत्तर

पश्चिम ✔ आँगन ✔ पूर्व

✕

दक्षिण

# पूजा कक्ष

## [Worship Place at Home]

भवन में पूजा स्थल एवं प्रार्थना कक्ष का उचित स्थान ईशान कोण ही है। ईशान कोण सदा साफ-सुथरा, बाधारहित या भारी वजन रहित होना चाहिए। पूजा कक्ष में ज्ञान प्राप्ति के लिए उत्तर दिशा में और धन प्राप्ति के लिए पूर्व दिशा की ओर मुख करके पूजा करनी चाहिए। ब्रह्मा, विष्णु, शिव, सूर्य, इंद्र का मुख पूर्व या पश्चिम में होना चाहिए। कुबेर, दुर्गा, भैरव आदि का मुख सदा दक्षिण दिशा में होना चाहिए। वास्तु में विस्तार से देवता मुख व ऊँचाई लेवल का वर्णन है।

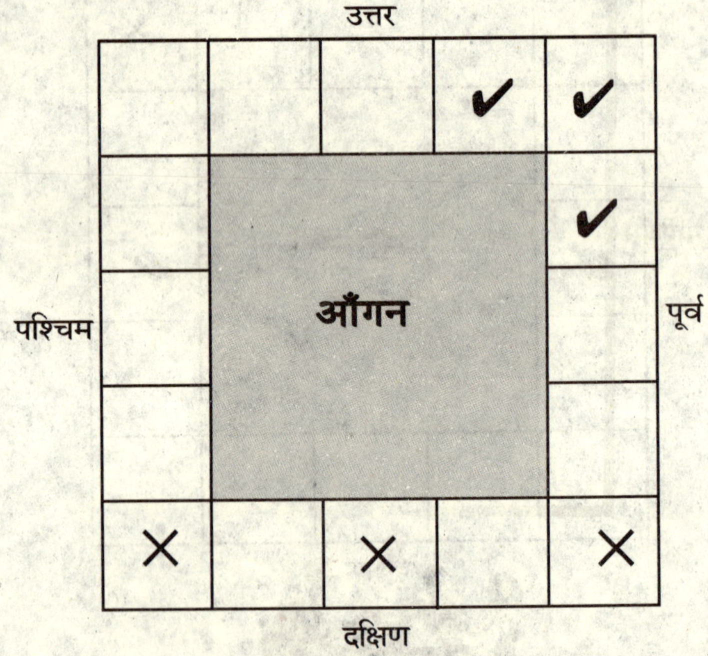


चित्र में जहाँ क्रॉस का चिह्न अंकित है वहाँ पूजा कक्ष

अनुपयुक्त है। जहाँ सही का चिह्न अंकित है वहाँ पर पूजा कक्ष उपयुक्त है।

* उत्तर-पूर्व (ईशान दिशा) में पूजा कक्ष से धन लाभ, स्वास्थ्य लाभ, सुख एवं शांति प्राप्त होती है। यह सर्वाधिक उपयुक्त मानी गई है।
* पूर्व दिशा में पूजा कक्ष से यश प्राप्ति होती है।
* उत्तर दिशा में पूजा कक्ष से ज्ञान व समृद्धि प्राप्त होती है।
* मिल या इंडस्ट्रीज में ईशान कोण में ही मंदिर या पूजा कक्ष का निर्माण कराना चाहिए।

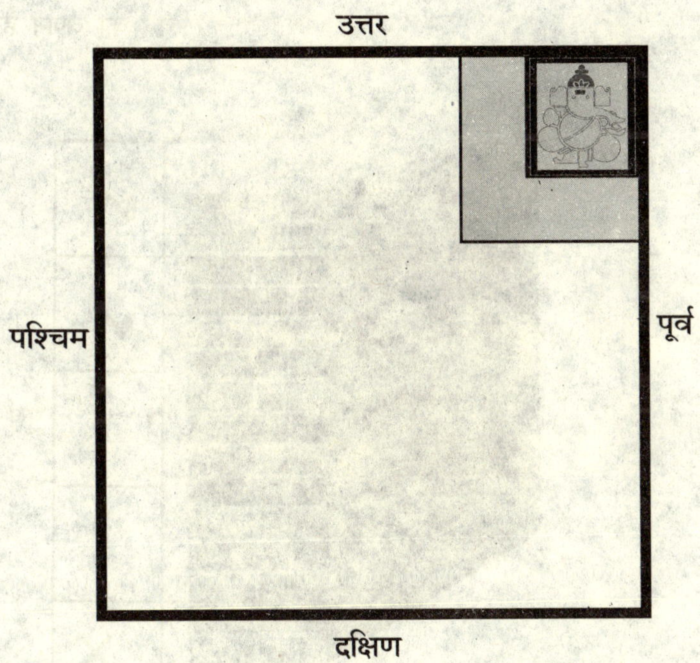

# चारदीवारी

## [Compound Wall]

उत्तरी दिशा की दीवार दक्षिण दिशा की दीवार से कम नीची व पतली होनी चाहिए। इस तरह पूर्वी दिशा की दीवार भी पश्चिम दिशा की दीवार से कम ऊँची व कम मोटी होनी चाहिए।

यदि चारदीवारी पश्चिम, नैऋत, दक्षिण, आग्नेय, उत्तर वायव्य कोण से गिर जाए तो जल्दी मरम्मत करवानी चाहिए।

भवन की चारदीवारी में बबूल, बेर, कँटीले वृक्ष नहीं होने चाहिए।

# रसोईघर
## [Kitchen]

* रसोई के लिए सर्वश्रेष्ठ स्थान दक्षिण-पूर्व (आग्नेय क्षेत्र) ही है। दूसरा विकल्प उत्तर-पश्चिम (वायव्य क्षेत्र) माना गया है।

* रसोईघर उत्तर दिशा, उत्तर-पूर्व, दक्षिण-पश्चिम, मध्य दक्षिण क्षेत्र में नहीं होना चाहिए।

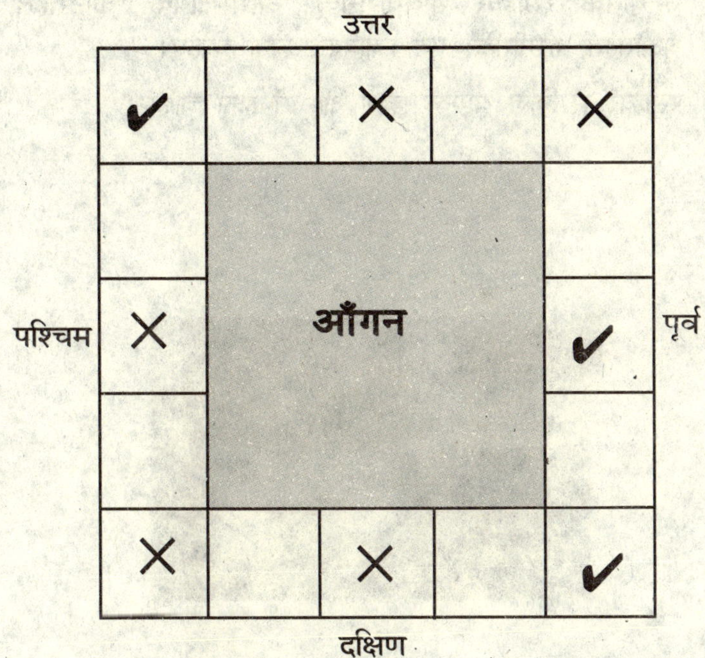


* रसोईघर-पूजा कक्ष, शौचालय-शयन कक्ष, सीढ़ी-अध्ययन कक्ष परस्पर ऊपर-नीचे नहीं होने चाहिए।

* रसोईघर में स्टोर/बरतनों की अलमारी दक्षिण–पश्चिम में होनी चाहिए।
* पानी का नल रसोईघर के उत्तर–पूर्वी क्षेत्र में होना चाहिए।
* खाना पकाने की स्लैब पूर्वी व उत्तर दिशा की दीवार को छुए बिना पश्चिम, दक्षिण दिशा में बना सकते हैं।
* बिजली के उपकरण जैसे मिक्सी, ग्राइंडर, तंदूर, ओवन, टोस्टर आदि रसोईघर के अग्निगृह क्षेत्र में रखना उपयुक्त रहता है।
* गीजर, रसोईघर दक्षिण–पूर्वी क्षेत्र में होने चाहिए।
* आधुनिक रसोईघर सुविधाजनक, आरामदायक, कीटरहित, धुआँरहित, गरमीरहित एवं हवायुक्त होना चाहिए।
* रसोईघर में फ्रिज वायव्य कोण क्षेत्र में होना चाहिए।

## शयन कक्ष

## [Bed Room]

* मुख्य शयन कक्ष दक्षिण–पश्चिम (नैऋृत कोण क्षेत्र) में ही सर्वश्रेष्ठ होता है।
* अन्य शयन कक्ष पश्चिम, दक्षिण में होने चाहिए। अतिथि शयन कक्ष उत्तर–पश्चिम क्षेत्र में होना चाहिए।
* शयन कक्ष में पलंग इस तरह लगाएँ कि सोते समय सिरहाना दक्षिण दिशा में हो और पैर उत्तर दिशा की ओर हों, जिससे मानव शरीर में चुंबकीय तरंगों का प्रवेश निर्विघ्न रहे और शांत एवं गहन निद्रा ली जा सके।

उत्तर

पश्चिम

| अतिथि शयन कक्ष | | | | × |
|---|---|---|---|---|
| शयन कक्ष | | आँगन | | |
| शयन कक्ष | | | | |
| शयन कक्ष | | | | |
| मुख्य शयन कक्ष | | शयन कक्ष | | × |

पूर्व

दक्षिण

* शयन कक्ष में पूर्व–उत्तर दिशा में ज्यादा खाली स्थान छोड़कर पलंग लगाना चाहिए।
* दक्षिण दिशा में शयन कक्ष स्वास्थ्यवर्द्धक और पश्चिम दिशा में

शयन कक्ष सुखवर्द्धक होता है।

* उत्तर दिशा के कमरे में शयन कक्ष वर्जित है। इसी प्रकार शयन कक्ष में उत्तरी दिशा में सिरहाना भी वर्जित है।

**दान-धर्म भले न करे, दक्षिण को सिरहाना जरूर बनाए। सारा गाँव भले ही जोर डाले, परंतु उत्तर सिरहाना ना रखे।**

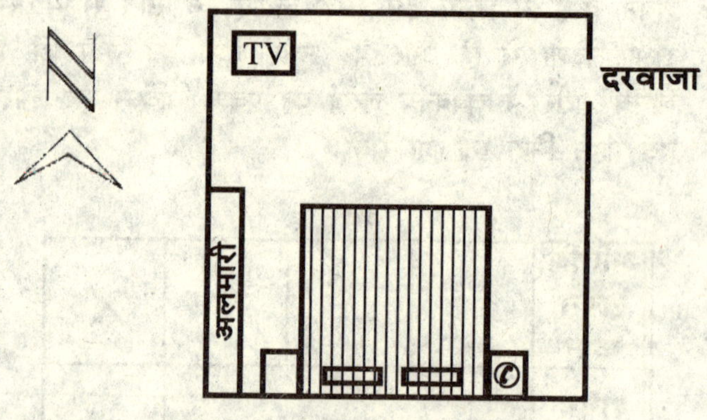


प्राचीन वास्तु शास्त्र आधुनिक विज्ञान पर आज भी खरा उतरता है। 3 सितंबर, 1995 के 'दैनिक आंध्र प्रभा' में प्रकाशित शीर्षक 'उत्तरी दिशा का सिरहाना अशिष्टदायक है' में उल्लेख है।

बंगलौर के वैज्ञानिक एवं सांकेतिक शास्त्र संगठन तथा मद्रास के वी.एच.एस. स्वास्थ्य अनुसंधान केंद्र के सयुंक्त शोध में इस महत्त्वपूर्ण तथ्य की पुष्टि हुई है। उत्तरी दिशा में सिर करके सोने से चुंबकीय तरंगों का मस्तिष्क पर विपरीत प्रभाव पड़ता है। फलस्वरूप व्यक्ति तनावग्रस्त एवं असंतुलित रहता है। जिसका प्रत्यक्ष परिणाम व्यक्ति के दैनिक, सामाजिक एवं आर्थिक क्रियाकलापों पर पड़ता है।

# स्वागत कक्ष

## [Drawing Room]

* मेहमानों का स्वागत कक्ष वायव्य, उत्तर ईशान व पूर्व के मध्य होना चाहिए।
* फर्नीचर दक्षिण और पश्चिम दिशाओं के क्षेत्र में रखना चाहिए।
* स्वागत कक्ष में स्वामी का मुँह उत्तर-पूर्व की ओर श्रेष्ठ होता है।
* आग्नेय व नैऋत कोण क्षेत्र में स्वागत कक्ष नहीं बनाना चाहिए।

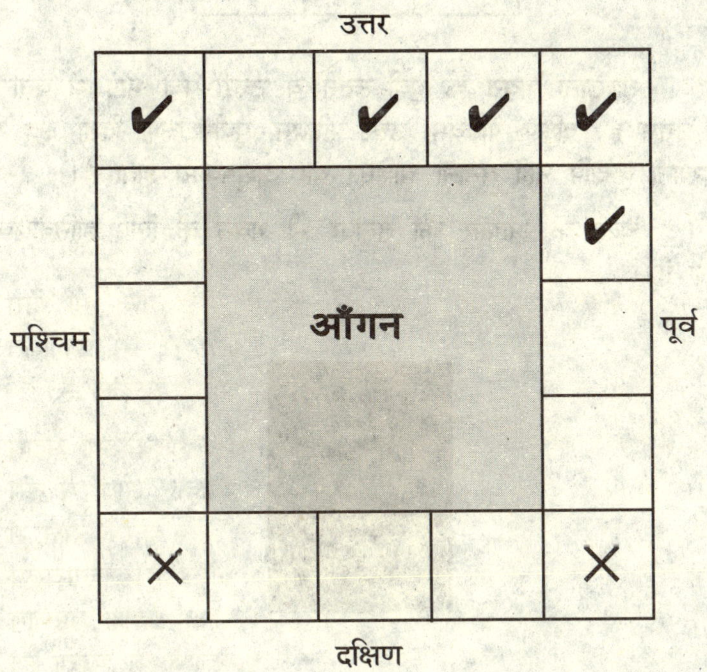

# तहखाना

## [Basement]

वर्तमान युग में स्थान की कमी के कारण भवन में तहखाना/भूमिगत निर्माण होने लगे हैं।

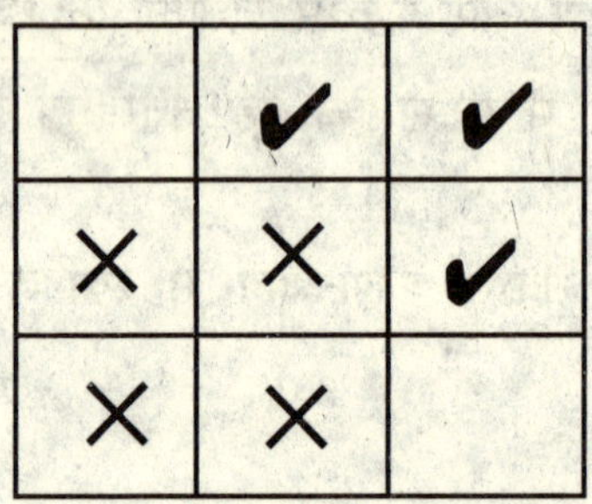

तहखाना भवन के पूर्वी-उत्तरी व उत्तरी-पूर्वी भाग में बनाना ही उत्तम है। दक्षिण-पश्चिम, उत्तर-पश्चिम, पूर्वी-दक्षिण दिशा क्षेत्र में तहखाना कदापि नहीं बनाना चाहिए। यह अशुभकारी होता है।

चूल्हे के आकार का तलघर भी भवन के लिए हानिकारक होता है।

# कुआँ और हैंडपंप

* भवन में कुआँ, हैंडपंप ईशान कोण (पूर्व-उत्तर) क्षेत्र में बनवाना चाहिए, परंतु कर्ण से इसे दूर रखा जाए।

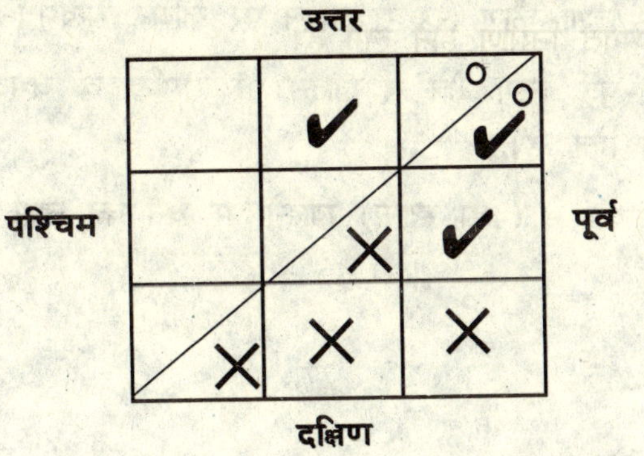

उत्तर

पश्चिम पूर्व

दक्षिण

* अन्य दिशाओं में कुआँ, ट्यूबवेल या हैंडपंप होना हानिकारक होता है। मुहूर्त चिंतामणि, श्लोक 12/20 उपर्युक्त मद को पुष्ट करता है।

**कूपे वास्तोर्मध्य देशेअर्थनाश**
**स्त्वैशान्यादौ पुष्टिरैश्वर्य वृद्धिः।**
**सूनोर्नाशः स्त्रीविनाशो मृतिश्च**
**सम्पतपीडा शत्रुतः स्याश्च सौख्यम्।**

**अर्थ**

* पूर्व दिशा में कुआँ खोदने से धन प्राप्त होता है।
* दक्षिण-पूर्व कोण में कुआँ होने से पुत्रों की अकाल मृत्यु होती है।
* दक्षिण दिशा में कुआँ खोदने पर जीवनसाथी की मृत्यु होती है।
* दक्षिण-पश्चिम क्षेत्र में खोदने पर भूस्वामी की मृत्यु, कर्जदारी उत्पन्न होती है।

* पश्चिम दिशा में कुआँ खोदने पर संपदाएँ प्राप्त होती हैं।
* उत्तर-पश्चिम कोण क्षेत्र में खोदने पर शत्रुता, चोरी का भय रहता है।
* उत्तर दिशा कोण क्षेत्र में खोदने पर जीवन सुखमय होता है।
* उत्तर-पूर्व कोण क्षेत्र में खोदने पर समृद्धि व वैभवपूर्ण जीवन प्राप्त होता है।
* केंद्र-क्षेत्र में (ब्रह्म स्थान) खोदने पर धन का नाश होता है।

# पोर्टिको, गैराज (पार्किंग)

## [Garage & Porch]

वास्तु के नियमानुसार गैराज (पार्किंग) दक्षिण-पूर्व (अग्नि क्षेत्र) उत्तर-पश्चिम (वायव्य क्षेत्र) में होना चाहिए। उत्तर और पूर्व की दिशा में वजन कम होना चाहिए। आजकल स्थान कम होने के कारण गैराज नहीं बनाकर पोर्च के नीचे गाड़ी खड़ी की जाती है। पोर्च का निर्माण मुख्य भवन भूखंड के मुख दिशा पर निर्भर करता है। पोर्च की ऊँचाई भवन की मुख्य छत से कम होनी चाहिए।

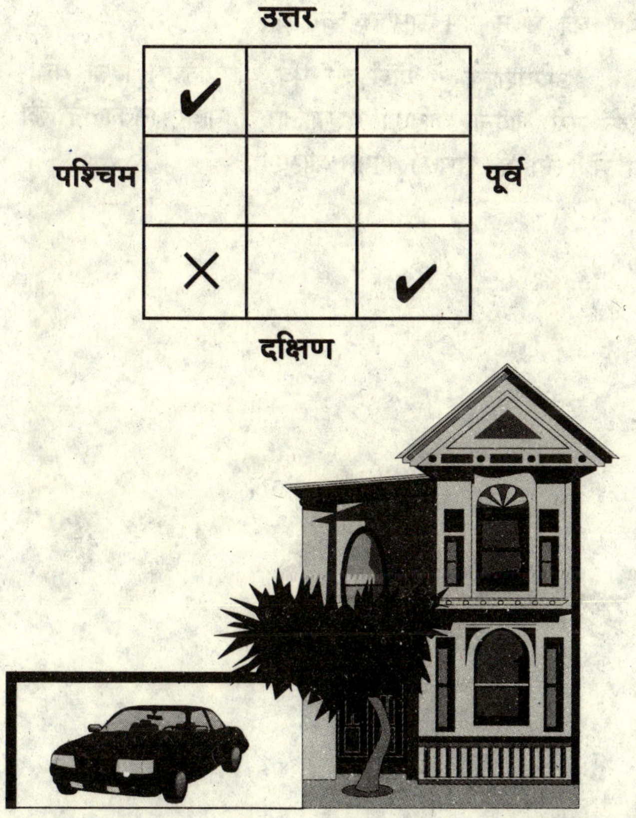

# पशुशाला
## [Cow Shed]

वास्तु के नियमानुसार पशुशाला, पालतू जानवरों के लिए स्थल, गोशाला आदि भवन उत्तर-पश्चिम (वायव्य कोण क्षेत्र) में होने चाहिए। उत्तर-पश्चिमी कोना बंद होने पर इसका प्रभाव उसमें जानवरों के जीवन पर व भवन के स्वामी की आर्थिक स्थिति पर पड़ता है।

हमारे शास्त्रों में गौ-पालन पर बल दिया गया है। आज वैज्ञानिक तौर से यह सिद्ध हो चुका है कि गाय से 'मैथेन गैस' का रिसाव होता है। मानव द्वारा छोड़ी गई कार्बन डाइऑक्साइड गैस के प्रदूषण को मैथेन गैस समाप्त कर देती है।

अश्वशाला में घोड़ों को पूर्व या पश्चिम दिशा की ओर मुख करके नहीं बाँधना चाहिए। पशुशाला में गोबर निकालने की व्यवस्था दिन में (सूर्य के समय) होनी चाहिए।

# तरणताल

## [Swimming Pool]

भारत में प्राचीन समय से ही भवन में तालाब, होज एवं जोहड़ बनाने की परंपरा रही है। पश्चिम बंगाल एवं केरल में इस परंपरा का दिग्दर्शन आज भी देखा जा सकता है।

तरणताल ईशान कोण क्षेत्र में होना चाहिए जहाँ एकांत हो। परंतु इसे कर्ण से दूर रखा जाए। होटलों में आजकल तरणताल (ग्राउंड फ्लोर) पर नहीं बनाकर ऊपर की मंजिलों पर बनाए जाने लगे हैं। जोधपुर के उम्मेद पैलेस, बीकानेर के लालगढ़ पैलेस में तरणताल पूर्ण रूप से ढका हुआ एवं एकांत में है। उत्तर-पूर्व क्षेत्र में तरणताल बनाना आनंददायक, सुखमय एवं समृद्धिकारक होता है।

# बहुमंजिला फ्लैट्स

## [Multi Storied Building]

महानगरों में आजकल बहुमंजिली इमारतों में आवास (फ्लैट) भूमि की कमी, उपलब्धता व अधिक कीमत की समस्या का समाधान है। एक स्वतंत्र भवन की रूपरेखा बनाना आसान है जबकि बहुमंजिला भवन की रूपरेखा इतनी आसान नहीं है; क्योंकि संयुक्त प्रकाश, दीवारें, सीढ़ी, लिफ्ट इत्यादि के कारण वर्तमान युग में बहुमंजिला फ्लैट भवन की महत्त्वपूर्ण माँग को ध्यान में रखकर वास्तु शास्त्र के नियमों और विधि-विधान के अनुसार उचित भूखंड खरीदकर भवन निर्माण कर निवासी सुखमय, वैभवशाली जीवनयापन कर सकता है।

* कूप, नल, भूगत जल भंडार परिसर उत्तर-पूर्व दिशा में स्थित करना चाहिए।
* परिसर के उत्तर-पूर्व में वट, पीपल, मिट्‌टी के टीले आदि नहीं होने चाहिए।
* परिसर का पश्चिम-दक्षिण कोना 90 डिग्री का होना चाहिए।
* भवन का निर्माण परिसर की चारों दिशाओं में खाली स्थान छोड़कर करना चाहिए।
* वर्षा के पानी का बहाव उत्तर-पूर्व में होना चाहिए।
* यथासंभव रसोईघर फ्लैट के दक्षिण-पूर्व कोण क्षेत्र में हो।
* मुख्य शयनकक्ष दक्षिण-पश्चिम में होना चाहिए।
* पूजाकक्ष का प्रावधान उत्तर-पूर्व में होना चाहिए।
* पैंट हाउस (Pent House) का निर्माण दक्षिण-पश्चिम में होना चाहिए।
* फ्लैट में शौचालय वायव्य क्षेत्र में होना चाहिए।
* प्रवेशद्वार द्वार-नियमों के अनुसार ही रखें।

## व्यावसायिक केंद्र

## [Shopping Complex]

वास्तु के नियमों के अनुसार व्यापारिक केंद्र का निर्माण करके मनुष्य अपने परिश्रम का सही शुभ लाभ प्राप्त कर सकता है।

* ईशान क्षेत्र में जल संसाधन रखें।
* ईशान क्षेत्र में पूजा स्थल की व्यवस्था करें।
* भारी सामान/जूते आदि ईशान क्षेत्र में नहीं रखें।
* तराजू पश्चिम-दक्षिण कोण में रखें।
* बिजली का मीटर/स्विच बोर्ड आदि अग्नि कोण में रखें।
* अलमारी/शो केस दक्षिण-पश्चिम क्षेत्र में रखें।
* फर्श की ढलान उत्तर-पूर्व दिशा में रखें।
* द्वार वेध न हो, इसका विशेष ध्यान रखें।

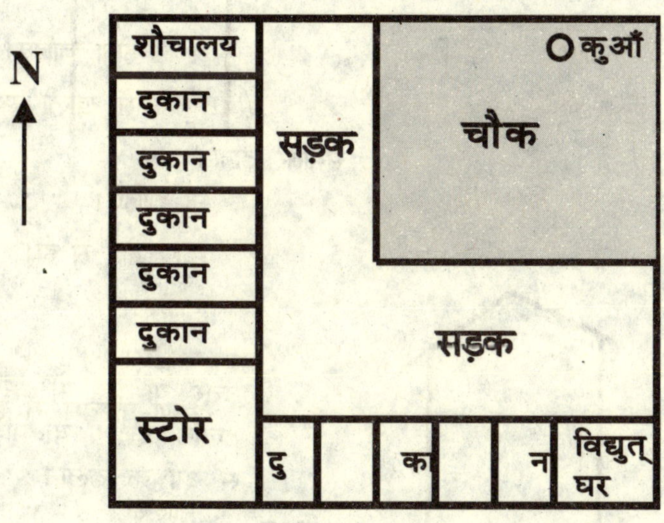

# छत की ढलान

## [Slope]

भवन की छत का ढलान उत्तर–पूर्व में होना चाहिए।

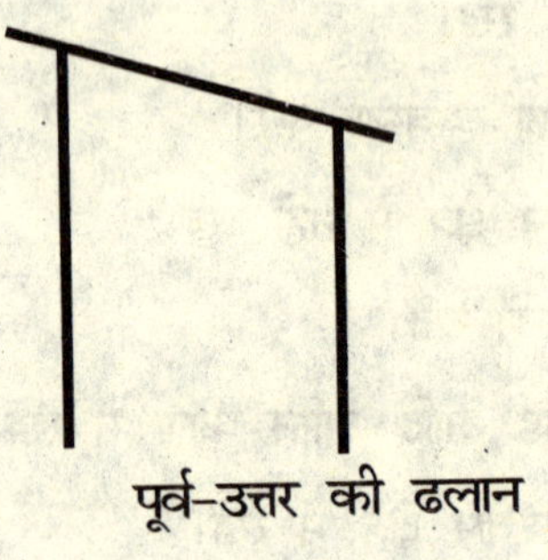

पूर्व–उत्तर की ढलान

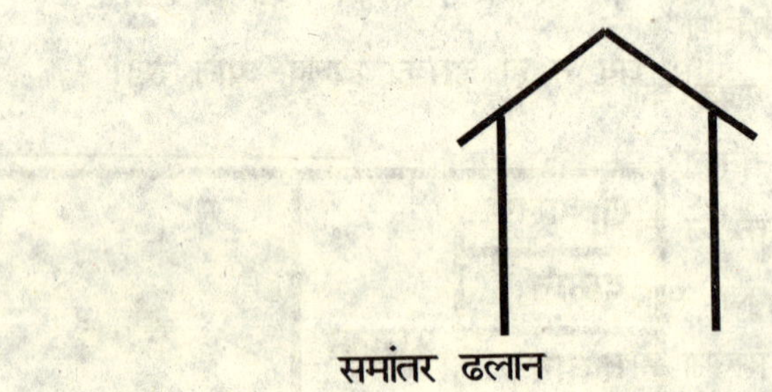

समांतर ढलान

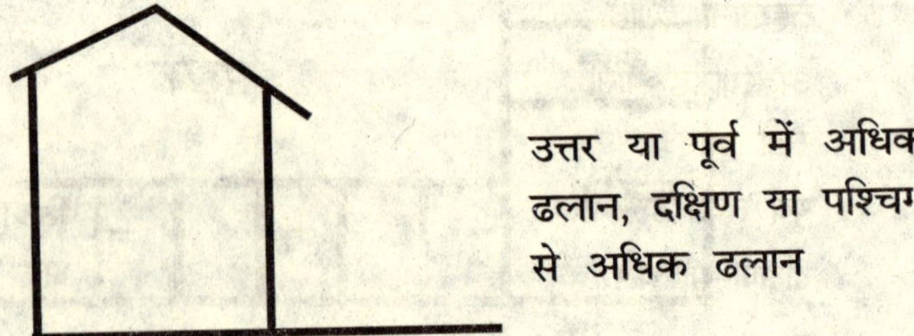

उत्तर या पूर्व में अधिक ढलान, दक्षिण या पश्चिम से अधिक ढलान

# सिनेमा

## [Theatre]

वास्तु के नियम सिनेमा हॉल (व्यापारिक स्थल) को भी प्रभावित करते हैं। सिनेमा हॉल का निर्माण करते समय निम्न नियमों का ध्यान रखा जाना चाहिए—

* भूखंड आयताकार, वर्गाकार हो। पूर्व मुखी या उत्तर मुखी हो।
* मुख्य भवन का निर्माण भूखंड के पश्चिम-दक्षिण में हो।
* साइकिल स्टैंड, पार्किंग वायव्य क्षेत्र में हो।
* पानी की व्यवस्था उत्तर-पूर्व में रखें।
* दुकानें व स्टॉल पूर्व-उत्तर मुखी हो।
* सिनेमा हॉल का प्रबंधक दक्षिण-पश्चिम में उत्तर-पूर्व मुखी होकर बैठे।
* सिनेमा हॉल में टिकट खिड़की उत्तर-पूर्व, उत्तर दिशा में रखें।
* भूखंड का उत्तर-पूर्व कोण बढ़ा हो तो श्रेष्ठ होता है।
* जेनरेटर, मेनस्विच आग्नेय क्षेत्र में रखे जाएँ।
* कैंटीन दक्षिण-पूर्व क्षेत्र में हो।
* पूजा स्थान सिनेमा हॉल के ईशान क्षेत्र में रखे जाएँ।
* सिनेमा हॉल में परदा दक्षिण दिशा में और प्रोजेक्टर उत्तर दिशा में रखा जाना चाहिए।
* मुख्य द्वार उत्तर-पूर्व दिशा में होना चाहिए।
* तहखाना ईशान कोण क्षेत्र में रखा जाना श्रेष्ठ होता है।
* अंडरग्राउंड पानी की टंकी ईशान क्षेत्र में हो। परंतु कर्ण से दूर रखी जाए।
* पूर्व तथा उत्तर दिशा में अधिक द्वार, खिड़कियाँ तथा गैलरी रखें।
* दक्षिण-पश्चिम की गैलरी में पौधों के गमले रखे जाने चाहिए।

## फार्म हाउस, देहाती रिसोर्ट (विश्रामस्थल)

## [Farm House, Holiday Home & Resort]

आजकल शहरों में भीड़भाड़, प्रदूषित वातावरण एवं तनावपूर्ण दिनचर्या के कारण देहात में अवकाश गृहों का प्रचलन काफी बढ़ा है। मकान और होटल की भाँति फार्म हाउस, देहाती विश्रामस्थल आदि पर भी वास्तु शास्त्र के नियम मान्य होते हैं।

* तरणताल उत्तर–पूर्व में होना चाहिए।
* उत्तर और पूर्व दिशा में अधिक स्थान खुला होना चाहिए।
* रसोईघर दक्षिण–पूर्व क्षेत्र में होना चाहिए।
* शयनकक्ष पश्चिम, दक्षिण–पश्चिम, दक्षिण में होना चाहिए। सोते समय मनुष्य का सिर दक्षिण में हो, पैर उत्तर दिशा में होने चाहिए।

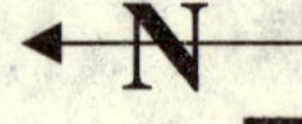


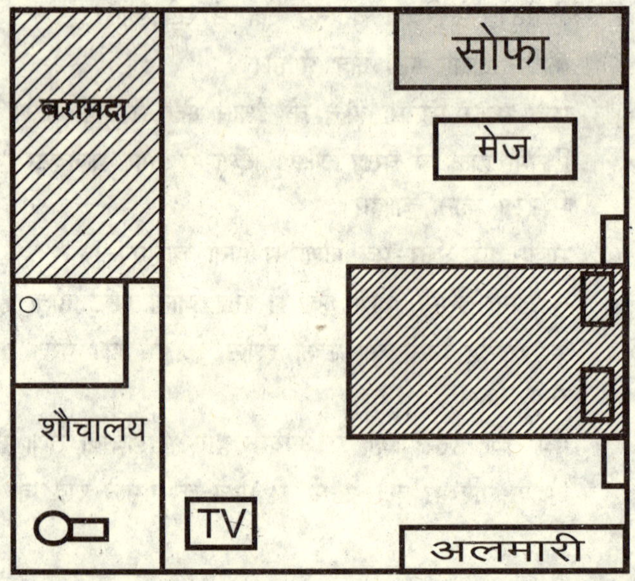

भूमि चयन करते समय दक्षिण-पश्चिम में पहाड़ी, टीला, उच्च स्थान हो। उत्तर, उत्तर-पूर्व या पूर्व की ओर ढलान होना लाभदायक है।

* चिंतन कक्ष उत्तर-पूर्व कोण क्षेत्र में होना चाहिए।
* विशाल वृक्ष दक्षिण-पश्चिम में होने चाहिए।
* पुस्तकालय पश्चिम दिशा में होना चाहिए।
* ऊष्मा देनेवाले यंत्र, वातानुकूलित यंत्र, उपकरण दक्षिण-पूर्व क्षेत्र में होने चाहिए।
* गोल्फ का मैदान, बैडमिंटन, टैनिस आदि उत्तर-पश्चिम क्षेत्र में होने चाहिए।
* उत्तर-पूर्व में पूजा स्थान चारों ओर से खुला रखा जा सकता है।
* वाष्प स्नान (भाप स्नान), व्यायामशाला, स्वास्थ्य क्लब, योग कक्ष, मसाज कक्ष पूर्व दिशा में होने चाहिए।

# चित्रों का प्रभाव

## [Pictures & Painting]

**गृहे न रामायण भारतध्वं चित्र**
**कृपाणाअवभिन्द्र जालिकम्।**
**शिलोच्चयारण्यमयं सदासुरं भीष्मं**
**कृताक्रन्दनरं त्वनम्बरम्।।**
**वाराहशार्दूलशिवापृदाकयो गद्धाभिद्योलूक कपोत वायसाः।**
**सश्येगोधादिवकादिपत्रिणो विचित्रिता नो शरणे शुभावहाः।।**

भवन में रामायण, महाभारत के युद्ध के चित्र, तलवार युद्ध, इंद्रजाल दृश्य, भयानक राक्षसों या दैत्यों की मूर्तियाँ, रोते हुए बच्चे का चित्र अच्छा नहीं होता।

इसी प्रकार हिंसक पशुओं, सर्प इत्यादि विषैले जीवों के चित्र अंकित नहीं करने चाहिए। सौम्य, सुंदर, प्रेरक एवं मन को पुलकित करनेवाले चित्रों या आकृतियों को सुसज्जित करें।

# वास्तु में रंग योजना

## [Colour Scheme]

भवन में आंतरिक सज्जा व रंग स्वामी को प्रभावित करता है। रंगों का मानव जीवन पर मानसिक एवं शारीरिक रूप से प्रभाव पड़ता है। कुछ विशेष रंगों से मनुष्य में उदास विचार आते हैं। भवन में रंगों की व्यवस्था इस प्रकार होनी चाहिए कि मनुष्य का मन शांत, प्रसन्न एवं प्रफुल्लित रहे।

रंगों का चुनाव राशि, दिशा/ग्रह, कमरे का प्रयोग आदि को ध्यान में रखकर किया जाना चाहिए।

वास्तु शास्त्र में इसका विस्तार से वर्णन है। भवन में रंगों का चुनाव स्वामी के घर में सद्भाव ला सकता है।

**बैगनी रंग** – सम्मान उत्पन्न करता है। शुभदायक है।

**हरा रंग** – ताजगी/उत्तम माना गया है।

**पीला रंग** – शक्ति का परिचायक है।

**भूरा रंग** – कलह को शांत करता है।

**लाल रंग** – मध्यम प्रभाव डालता है। इसका असर गरम है।

आसमानी, गुलाबी व सफेद रंग शुभदायक होते हैं।

# उद्योग वास्तु विचार

## (Vastu of Industries)

औद्योगिक इकाई में वास्तु शास्त्र के नियमों का विशेष महत्त्व है। प्राचीन ग्रंथों तथा अनुभव के आधार पर कई महत्त्वपूर्ण सूत्र यहाँ प्रस्तुत हैं।

**मुख्य मशीनरी की स्थापना (मुख्य प्लांट)**

**(Main Plant and Machinery)**

फैक्टरी भूखंड के दक्षिणी और पश्चिमी दिशा में, पश्चिमी–दक्षिणी कोण में होनी चाहिए।

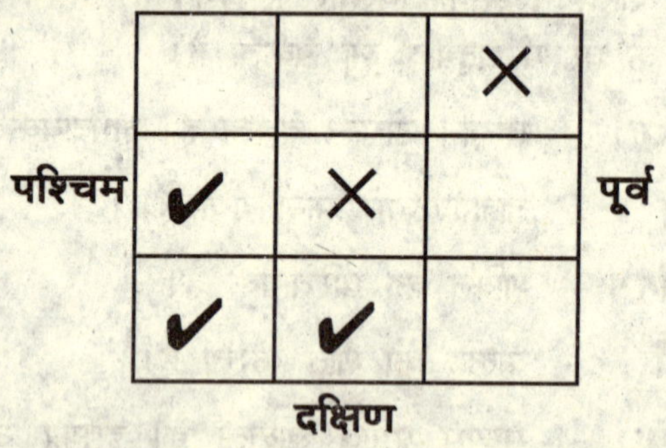


**जल (Water)**

फैक्टरी में जल के लिए ट्यूबवैल, कुआँ ईशान कोण में कर्ण रेखा से दूर रखें।

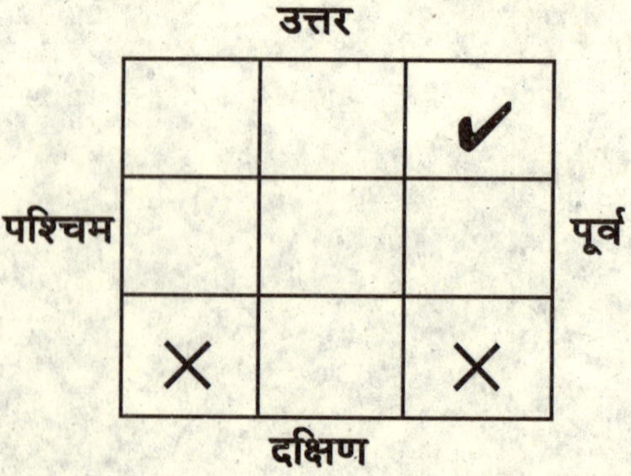

## बॉयलर, भट्ठी, हीटर, जेनरेटर
**(Boiler, Furnace, Heater, Electric Generator)**

फैक्टरी में बॉयलर, भट्ठी आदि अग्नि कोण (दक्षिण-पूर्व क्षेत्र) में लगाएँ।

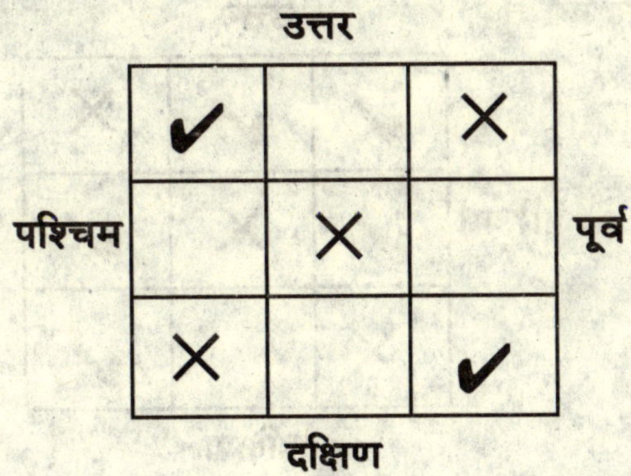


## कच्चा माल भंडार (Raw material Storage)

फैक्टरी में कच्चे और अधबने माल के भंडार कक्ष की व्यवस्था नैऋत, मध्य पश्चिम, उत्तर, पूर्व दिशा में इस तरह रखें कि अंतिम रूप यानी तैयार माल उत्तर, पूर्व दिशा में आए।

उत्तर

पश्चिम

पूर्व

दक्षिण

**तैयार माल भंडार कक्ष (Finished Goods Storage)**

फैक्टरी में तैयार माल उत्तर-पश्चिम, उत्तर, पश्चिम, पूर्व, पूर्व-दक्षिण दिशा में रखें।

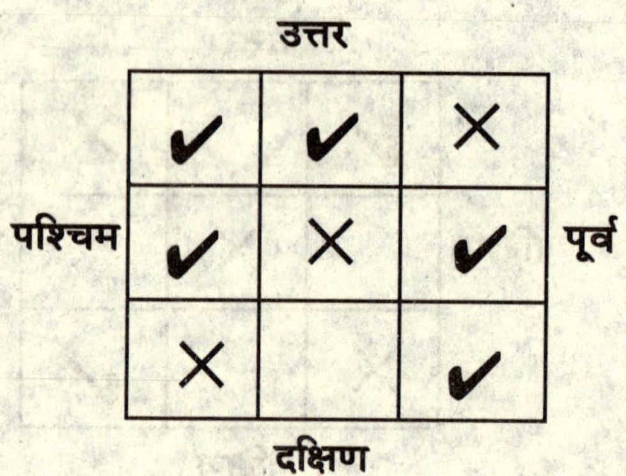


**प्रशासनिक कार्यालय (Office & Administrative Block)**

फैक्टरी में प्रशासनिक कार्यालय उत्तर, पश्चिम, पूर्व, दक्षिण-पश्चिम, दक्षिण दिशा में रखें। वास्तु शास्त्र के नियमों में कार्यालय में हर पद का स्थान अलग-अलग निश्चित है।

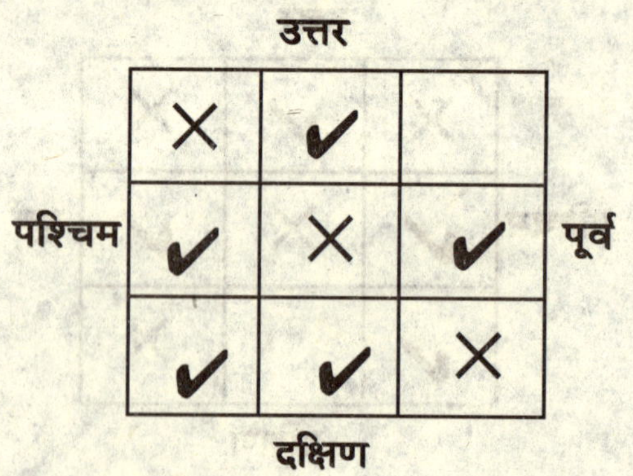

**कर्मचारी आवास (Staff Quarters)**

फैक्टरी में कर्मचारियों का आवास वायव्य (पश्चिम-उत्तर) दिशा में बनाएँ।

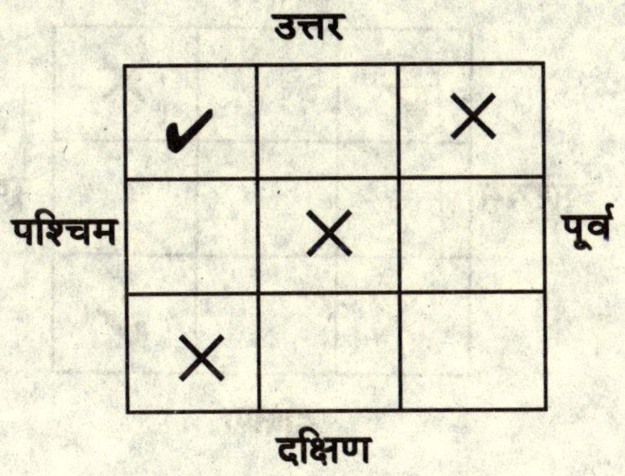


**मंदिर (Temple)**

फैक्टरी के उत्तर, पूर्व अथवा ईशान कोण में बनाएँ।

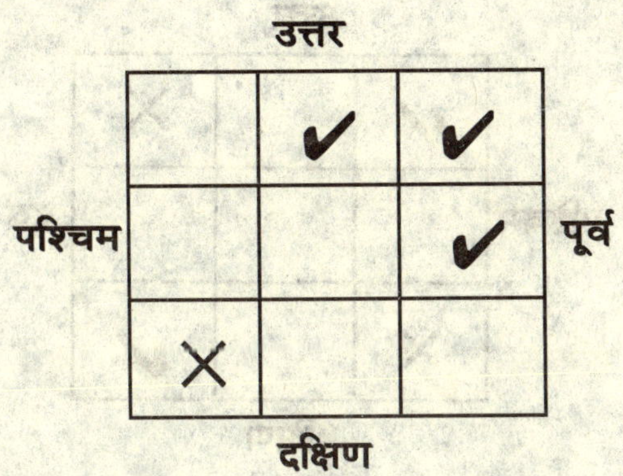

**शौचालय (Toilet)**

फैक्टरी में शौचालय ब्लॉक वायव्य कोण, आग्नेय कोण में होना चाहिए।

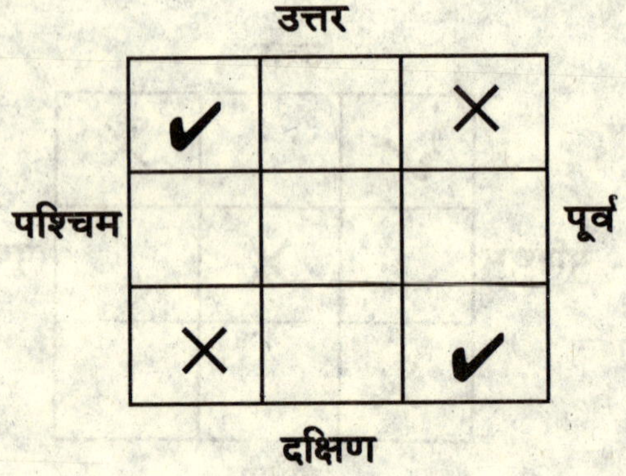


**पार्किंग (Parking)**

फैक्टरी में वाहनों के लिए पार्किंग की व्यवस्था वायव्य या आग्नेय कोण क्षेत्र में होनी चाहिए।

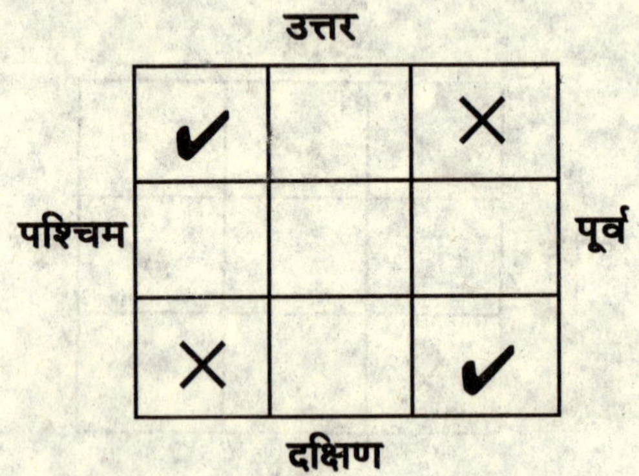

**द्वारपाल कक्ष**

यदि फैक्टरी में मुख्य द्वार पूर्वी ईशान में हो तो दक्षिण भाग में; और उत्तरी ईशान में मुख्य गेट हो तो पश्चिमी भाग में द्वारपाल का कक्ष बनाया जाना चाहिए।

**जल का बहाव**

फैक्टरी भूखंड में पानी का बहाव उत्तर–पूर्व की ओर हो।

* स्वागत कक्ष/गेस्ट हाउस उत्तर–पूर्व क्षेत्र में रखें।
* रासायनिक उद्योग में जल शोधक संयंत्र और निष्कासित कचरा शोधक संयंत्र लगाते समय वास्तु नियमों को मद्देनजर रखकर उचित दिशा में प्रावधान करना चाहिए।

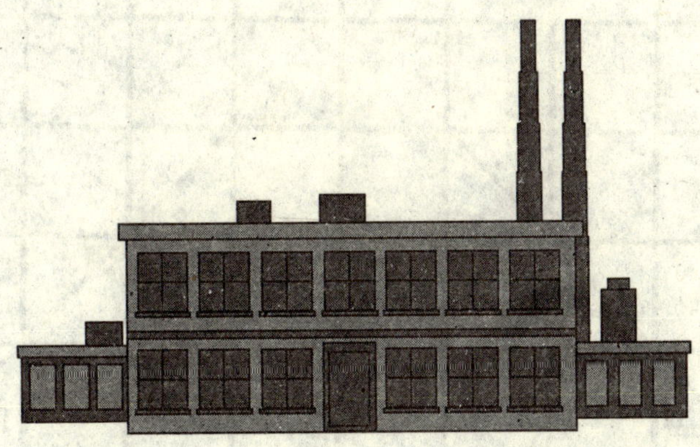

# मुख्य द्वार और दरवाजे

भवन के मुख्य द्वार की स्थिति का विशेष प्रभाव होता है। वास्तु शास्त्र के अनुसार भवन में मुख्य द्वार का निर्धारण भूखंड के चारों दिशाओं में निवास करनेवाले 32 देवताओं के वास्तु चक्र से होता है।

**पूर्व**

| शिखि / दिति | पर्यंत | जयंत | इंद्र | सूर्य | सत्य | भृश | आकाश / वायु |
|---|---|---|---|---|---|---|---|
| अदिति | | | | | | | पूषा |
| भुजग | | | | | | | वितथ |
| सोम | | | | | | | वृहत्क्षत |
| भल्लाट | | | | | | | यम |
| मुख्य | | | | | | | गंधर्व |
| अहि | | | | | | | भृंगराज |
| रोग / पाप | शोष | असुर | वरुण | पुष्पदंत | सुग्रीव | दौवारिक | मृग / पितृ |

**पूर्व द्वार** — पूर्वी द्वार 'विजय द्वार' कहलाता है। यह उत्तम व लाभदायक फल देनेवाला है।

**दक्षिण द्वार** — दक्षिणी द्वार 'यम द्वार' कहलाता है। यथासंभव दक्षिणी द्वार से बचना चाहिए।

**पश्चिम द्वार** — पश्चिमी द्वार 'मकर द्वार' कहलाता है। यह मध्यम फलदायक है।

**उत्तर द्वार** — उत्तरी द्वार 'कुबेर द्वार' कहलाता है। यह उत्तम फलदायक है। उत्तर का हिंदी अर्थ उत्तर या प्रश्न का उत्तर होता है। उसी भाँति उत्तर दिशा भी उत्तम फलदायक उत्तर देती है।

**दैर्ध्ये नवांशात्पदमत्र सव्याद्द्वारं**
**शुभ प्राक् त्रिचतुर्थभागे।**
**चतुर्थषष्ठे दिशि दक्षिणस्यां पश्चाच्चतुः**
**पंचम के तथोदक्।।**

(मुहूर्त गणपति)

* दरवाजे खोलते व बंद करते समय आवाज का आना अशुभदायक होता है।
* दरवाजे के नीचे देहली जरूर लगानी चाहिए।
* दरवाजे अंदर की ओर खुलने चाहिए।
* मुख्य द्वार के सामने द्वार वेध नहीं होना चाहिए।

**अन्य विधि**

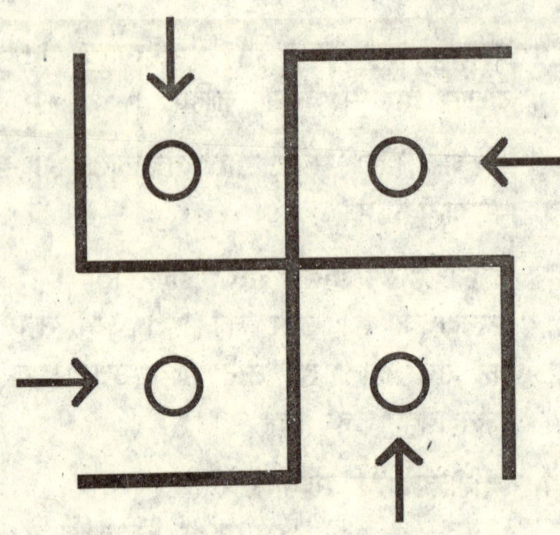

भवन के नक्शे पर स्वस्तिक चिह्न बनाएँ। जो दिशा स्वस्तिक में खुली है वहाँ पर द्वार बनाए जा सकते हैं।

## 32 वाह्य देवता भागे द्वारफल बोध चक्रम्

| | | | | | | | | |
|---|---|---|---|---|---|---|---|---|
| पूर्व | शिखि | पर्यंत | जयंत | इंद्र | सूर्य | सत्य | भृश | आकाश |
| | अग्निभय | स्त्रीलाभ | बुहुधन | राजप्रियता | क्रोध | असत्यता | क्रूरता | चोरी |
| दक्षिण | वायु | पूषा | वितथ | वृहत्क्षत | यम | गंधर्व | भृंगराज | मृग |
| | अल्पापत्व | सेवकत्व | नीचत्व | स्न्तति | क्षुद्रकर्मा | कृतघ्नता | निर्धनता | सुतवीर्य नाश |
| पश्चिम | पितृ | दौवारिक | सुग्रीव | पुष्पदंत | वरुण | असुर | शोष | पाप |
| | स्वल्पायु निर्धन | व्यय | धननाश | धनवृद्धि | भोग | राजभय | अतिरोग | पापसंचय |
| उत्तर | रोग | अहि | मुख्य | भल्लाट | सोम | भुजग | अदिति | दिति |
| | वधवंध | शत्रुभय | धन पुत्रलाभ | विपुल लक्ष्मी | धर्मशील | बहुवैर | स्त्रीदोष | धननाश |

# सूर्य मंदिर कोणार्क

भारत के उड़ीसा राज्य में स्थित कोणार्क मंदिर सूर्य मंदिर के नाम से प्रसिद्ध है।

सूर्य ऊर्जा का मुख्य स्रोत है। यह भास्कर मानव जीवन के लिए भी ऊर्जा का मुख्य स्रोत है।

बारह वर्षों में निर्मित अपूर्व कला संपदा से संपन्न सूर्य मंदिर काले मेघावृत्त सूर्य की भाँति कांतिविहीन हो गया है।

पूर्वमुखी भास्कर मंदिर देखने पर लगता है—ईशान, आग्नेय को काट कर वायव्य, नैऋत की ओर बढ़ा हुआ है। मंदिर का निर्माण रथ आकृति के रूप में करने के कारण पूर्व, ईशान, आग्नेय खंडित हो गया है।

दक्षिण–पश्चिम कोण में छाया देवी मंदिर की नींव, प्रधानालय की अपेक्षा काफी कम ऊँचाई में है। उसके नैऋत क्षेत्र में माया देवी का मंदिर और नीचे भाग में है।

प्रधान मंदिर के पूर्वी द्वार के सामने नाट्यशाला है जिससे पूर्वी द्वार अनुपयोगी सिद्ध हुआ।

दक्षिण दिशा में द्वार है यानी दक्षिण में द्वार व पूर्व में छोटा द्वार है जिससे मंदिर का वैभव क्षीर्ण हो गया।

* आग्नेय क्षेत्र में एक कुआँ है।
* माया देवी और छाया देवी के मंदिर प्रधान मंदिर से कम ऊँचे नैऋत क्षेत्र में हैं।

इतिहास गवाह है कि इसके प्रधान शिल्पकार की असामयिक मृत्यु हो गई।

आठ सौ वर्ष पुराना सूर्य मंदिर पत्थर एवं लोहे से, बिना किसी मसाले के बना है। इसकी पत्थर की मूर्तियाँ अजंता/एलोरा की मूर्तियों की तरह अद्भुत हैं। इस मंदिर के रथ रूपी आकार पर आठ पहिए बनाए गए थे जिसमें से एक पहिया आज भी है।

वास्तु विकृतियों के कारण यह विशाल, अद्भुत कोणार्क मंदिर शिथिलावस्था को प्राप्त हो गया।

# विवेकानंद मंदिर

गुरु से बढ़कर महान् बने उनके शिष्य—स्वामी विवेकानंद। जिन्हें विश्व में भारतीय आध्यात्मिक प्रतिष्ठा को पुनः प्रतिष्ठित करने का श्रेय है।

दुखियों की सेवा ही सर्वोत्तम सेवा है। गौतम बुद्ध से लेकर ईसा मसीह तक, गुरुनानक से लेकर मोहम्मद साहब तक, विश्वकवि वेमना से लेकर महात्मा गांधी तक—सबने यह उपदेश दिया और आचरण में कर दिखाया।

विश्व में भारतीय आध्यात्मिक तत्त्व के नवीन चिंतन से महत्त्वपूर्ण प्रचार करनेवाले स्वामी विवेकानंद की कांस्य मूर्ति पर मैंने वास्तु दृष्टि से चिंतन किया।

कन्याकुमारी (तमिलनाडु) में हिंद महासागर के मध्य शिला पर निर्मित मंदिर में मोटरबोट से आने का द्वार ईशान कोण क्षेत्र में है। वेदी शिला के मध्य में मंडल बना है। स्वामी विवेकानंद की कांस्य प्रतिमा नयनाकर्षक शैली में प्रतिष्ठापित हुई है। पीठ के पार्श्व में ईशान द्वार है। नैऋत द्वार भी है। परंतु ईशान द्वार से होकर ही यात्रियों को अनिवार्य रूप से बाहर निकलना होता है। क्लॉक रूपी परिक्रमा करके ईशान मार्ग से मोटर बोट के पास पहुँच जाते हैं।

ईशान प्रवेश व निर्गम के प्रभाव से यह स्थल वास्तु विधि से महिमान्वित हो गया है।

## श्री रंगनाथ स्वामी का मंदिर

त्रिचि (तमिलनाडु) में ई. 1760-61 पूर्व मैसूर के राजा श्री इक्मडि कृष्ण राज वडयार के नियुक्त सेनापति हैदरअली श्री रंगनाथ स्वामी के परम भक्त थे। हैदरअली के पुत्र टीपू सुल्तान के समय में मीर सादिक ने अनेक मंदिरों को ध्वस्त किया। उस समय अत्यंत उपद्रवग्रस्त परिस्थितियों में सुरक्षित रहे इस मंदिर को मैंने वास्तु विश्लेषण के आधार पर देखा।

पूर्व मुखी मुख्य द्वार मंदिर में विराजमान स्वामीजी दक्षिण दिशा में सिरहाना रखे हुए हैं। चारों दिशाओं में सड़क व उत्तरी सड़क निम्न है। ईशान कोण बढ़ा हुआ है। उत्तर दिशा में कावेरी नदी पश्चिम से पूर्व दिशा में बहती है। कुछ वास्तु दोष भी दृष्टिगोचर हुए—

मंदिर में ईशान, आग्नेय व वायव्य क्षेत्रों में निर्माण है। रसोईघर के निकट वायव्य क्षेत्र में एक कुआँ है।

बारहवीं शताब्दी से निरंतर पूजा-अर्चना पाते हुए श्री रंगनाथ स्वामी मंदिर आज भी जन-जन के आकर्षण का केंद्र बना हुआ है।

# चामुंडेश्वरी देवी मंदिर

मैसूर के निकट एक पहाड़ी पर देवी चामुंडेश्वरी माँ का विशाल मंदिर है। जिसमें मैंने देखा कि पूर्व-ईशान से निकलकर उत्तर-ईशान की ओर मुड़कर भक्तजन देवी माँ के मंदिर में पहुँचते हैं।

खाली जगह भी उत्तर-ईशान में है। मंदिर में गर्भालय से मुखमंडल तक चार द्वार हैं। मंदिर के प्रांगण में पश्चिम से पूर्व दिशा में पानी का बहाव मार्ग है। प्रांगण के नैऋत में उच्च स्थल पर 'सप्त मातृक' मंडल (ब्राही, माहेश्वरी, वैष्णवी, कौमारी, बाराही, इंद्राणी, चंडी) है। प्रांगण के बाहर नैऋत में लक्ष्मीनारायण स्वामीजी का आलय है। शुभ वास्तु लक्षणों से भरपूर मंदिर वैभवशाली एवं शोभायमान है।

# ताजमहल

विश्व के सात अजूबों में से एक अजूबा आगरा का ताजमहल है। इसकी वास्तु संबंधी चुंबक शक्ति क्या है?

यह महल वर्गाकार प्रांगण में निर्मित है। चारों कोणों में अद्‌भुत निर्माण है। दक्षिणी द्वार उन्नत व उत्तरी द्वार निम्न है। पूर्व-पश्चिम के द्वार समान हैं।

ताजमहल के उत्तरी दिशा में यमुना नदी पूर्वी वाहिनी होकर बह रही है। प्रांगण में सभी निर्माण समान हैं। वास्तु अनुरूप निर्माण के कारण ही ताजमहल आज भी विश्व विख्यात है।

ताजमहल को मुगल सम्राट् शाहजहाँ ने बेगम मुमताज की स्मृति में 1631 ई. में बनवाया। सफेद संगमरमर से बने इस सुंदर स्मारक को बीस हजार मजदूरों ने बीस वर्षों में पूरा किया था। लाल पत्थरों से बने मुख्य द्वार पर कुरान की आयतें लिखी हुई हैं। विशाल गुंबद की ऊँचाई दो सौ पचहत्तर फीट है। वास्तुकला का यह अद्वितीय स्मारक हमारे देश का गौरव है।

# भगवान् वेंकटेश्वरजी मंदिर (तिरुपति)

प्रारंभ काल से आज तक वैभवपूर्ण स्थिति में रहे मंदिरों में से भगवान् वेंकटेश्वरजी का मंदिर भी एक है।

तिरुमलै पर्वत पर स्थित मंदिर को पल्लव, चोल, विजयनगर के नरेशों ने कला रूपायित किया। वास्तु शास्त्र के नियमों के अनुसार निर्मित यह मंदिर विश्व के संपन्न मंदिरों में से एक है।

तिरुमलै मंदिर में श्री वेंकटेश्वर भगवान् पूर्वामुखी विराजमान हैं। ईशान दिशा को छोड़कर शेष दिशाओं में ऊँचे पर्वत हैं। ईशान में पुष्करिणी है। उत्तर में ही आकाश गंगा नामधारी जल भी है।

श्री वेंकटेश्वर स्वामी के मंदिर से तीन किलोमीटर की दूरी पर ईशान में वैकुंठ तीर्थ, उत्तर में पाँच किलोमीटर की दूरी पर पापनाशनम्, उसी दिशा में ग्यारह किलोमीटर आगे तुंबर तीर्थ है।

मंदिर में टी.टी.डी. (तिरुमलै तिरुपति देवस्थान) के संचालकों ने अनेक परिवर्तन किए जिसके कारण बस दुर्घटनाएँ हुईं। तब वास्तु शास्त्र के विरुद्ध किए गए परिवर्तनों की ओर ध्यान आकृष्ट किया गया। संचालकों ने वास्तु-पंडित के पद पर नियुक्ति की। वास्तु त्रुटियाँ सुधारी गईं। वही कीर्ति अब शिखर पर पहुँच रही है।

# पिरामिड

प्राचीन काल में ऋषि-मुनियों ने यह पाया कि विशेष आकार/रचना के भिन्न केंद्रों से प्रकाश व ऊर्जा का संचालन होता है। त्रिभुज आकृतियाँ/आकार की रचना में सर्वाधिक ऊर्जा की केंद्र होती हैं। इसी कारण इन्हें शक्ति का स्रोत माना जाता है।

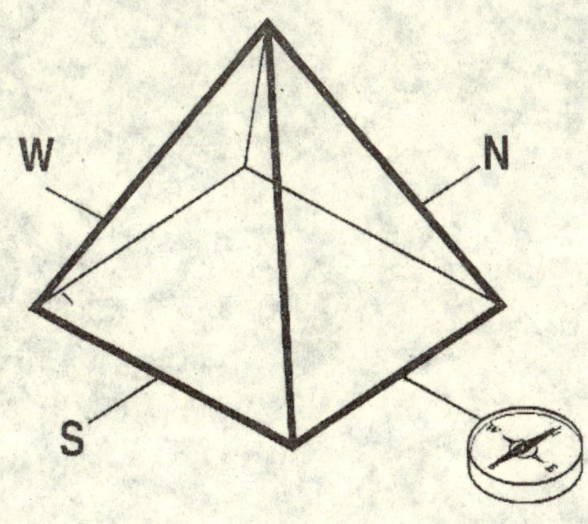


मिस्र के पिरामिड विश्व में प्रसिद्ध हैं जिनमें हजारों वर्ष पूर्व रखे मृतक शरीर आज भी सुरक्षित हैं।

## पिरामिड के प्रकार

प्राचीन काल में रेखागणित, शक्ति तथा प्रकाश के ज्ञान के आधार पर पिरामिडों को तैयार किया गया। उनका माप, विस्तार, लंबाई, चौड़ाई तथा कोण विशेष ज्ञान पर आधारित हैं। पिरामिड के दो कोण नीचे के 58 डिग्री व तीसरा कोण शिखर तक 64 डिग्री का होता है।

पिरामिड शक्ति का प्रभाव बढ़ाता है। पिरामिड से मानव अनेक रोगों से छुटकारा पा सकता है।

* फोड़े का उपचार, जोड़ों में सूजन, गठिया, श्वेत कुष्ठ, दमा, हृदय रोग तथा उच्च रक्तचाप आदि,
* आँखों की बीमारी,
* पिरामिड में रखे जल को नियमानुसार सेवन करना नींद, रक्तचाप तथा सिरदर्द में लाभदायक है।
* पिरामिड समस्याओं का समाधान करने में भी सहायक है।

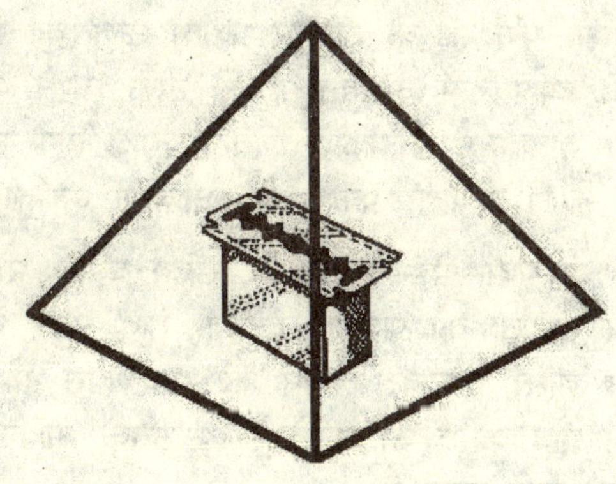

# फेंग सूई

वास्तु शास्त्र को हाँगकाँग, सिंगापुर, जापान, बैंकाक, चीन में 'फेंग सूई' कहते हैं। फेंग सूई चीन की प्राचीन कला में से एक है। जो कि एक ऊर्जा चक्र के रूप में है। फेंग सूई का प्राकृतिक आधार है, यह वातावरण के साथ समरसता स्थापित कर मानव जीवन को सुखमय, स्वस्थ व वैभवपूर्ण बनाता है। वायु ऊर्जा को वितरित करता है। जल उसे संचित करता है। इनका आनुपातिक तालमेल यदि सही हो तो उस भवन का निवासी सुखी होगा। भारत में भी इसका उपयोग निरंतर बढ़ रहा है।

फेंग सूई प्रयोग तंत्र में निम्न समाधान हैं—

(1) **दर्पण**—फेंग सूई में दर्पण बा. ग्वां. के नकारात्मक क्षेत्र में प्रभाव को समाप्त कर कमरे के घटे भाग को बढ़ाने का काम करता है।

चीन, जापान, सिंगापुर में भगवान् बुद्ध की मूर्ति के सामने क्रिस्टल बाल लगाई जाती है। दर्पण के सही दिशा/कोण पर लगाने से व्यापार में लाभ होता है।

(2) **प्रकाश**—फेंग सूई के अनुसार प्रकाश ऊर्जा का स्रोत व सूर्य का प्रतीक है। व्यापार में असमताओं को ठीक करने का प्रकाश एक साधन है। वातावरण में प्रकाश जितना ज्यादा होगा उतना ही प्रभाव चमकीला होगा। छायादार प्रकाश से वातावरण असंतुलित होगा।

(3) **पौधे व पुष्प**—पेड़-पौधे प्रकृति, सौंदर्य व विकास के प्रतीक हैं। जो मानव सभ्यता को प्राणवायु देने के साथ भवन को सौंदर्य प्रदान करते हैं। वास्तु दोषयुक्त भवन को पौधे द्वारा भी दोषरहित बना सकते हैं। पौधे का चयन करते समय उसके आकार/रंग आदि का विशेष ध्यान रखा जाता है।

(4) **घंटी**—वायु की झनकार काम के नए सर्वेक्षण व नए कीर्तिमान प्रस्तुत करती है। वायु लहर की प्रतिध्वनि भी भिन्न-भिन्न होती है। घंटी का चयन सतर्कतापूर्वक करना चाहिए।

(5) **पानी, फव्वारे, झरने**—जल धन, वैभव और समृद्धि का प्रतीक है। जल की उपस्थिति मांगलिक ऊर्जा का सूचक है जिसका फल सौभाग्यवर्धक होता है। चीन में मुख्य तौर पर दुकान आदि के कैश काउंटर के समीप जल कुंड (मछलीघर) होता है। जल कुंड, फव्वारे, झरने आदि पानी के वेग की ओर लगाने से समृद्धि व आपसी प्रेम बढ़ता है।

(6) **बाँसुरी**—बाँस की बनी बाँसुरी शांति, शुभ समाचार, स्थायित्व का प्रतीक मानी गई है। कम ऊँचाई की छत, बीम दोष के कारण उत्पन्न शक्तिशाली नकारात्मक ऊर्जा को नियंत्रित करने के लिए $45^0$ कोण पर दो बाँसुरियों को लटकाया जाता है। जिससे कमरे में नीचे आ रही ऊर्जा को निष्प्रभावी किया जा सकता है।

(7) **रंग**—विश्व में साज-सज्जा एवं रंग के प्रभाव को माना जाता है। रंग मानव के मन-मस्तिष्क को विलक्षण ढंग से प्रभावित करते हैं। जैसे जेन थेरेपी, कलर थेरेपी, कलरबाथ चिकित्सा को विज्ञान में भी मान्यता है। रंग का चुनाव आपमें समरसता ला सकता है। रंग मानव के शारीरिक एवं मानसिक स्वास्थ्य को बेहतर करता है। पाँच तत्त्वों से संबंधित रंगों की अलग-अलग विशेषता होती है।

# आप स्वयं अपने कार्यालय का वास्तु मूल्यांकन करें

| क्र. | प्रश्न | कुल अंक | अर्जित अंक |
|---|---|---|---|
| 1. | भवन के मुख्य द्वार की स्थिति | 15 | |
| 2. | कार्यालय में आपकी स्थिति | 15 | |
| 3. | स्टोर की स्थितिं | 15 | |
| 4. | कैंटीन/जेनरेटर की स्थिति | 15 | |
| 5. | भवन का लैवल फ्लोर | 10 | |
| 6. | भवन का आकार | 15 | |
| 7. | शौचालय की स्थिति | 15 | |
| 8. | आप किस दिशा में उन्मुख हैं? | 15 | |
| 9. | स्टाफ (लेखा विभाग) की स्थिति | 10 | |
| 10. | तहखाने की स्थिति | 15 | |
| 11. | सीढ़ियों की स्थिति | 15 | |
| 12. | पानी के नल/जलाशय की स्थिति | 15 | |
| 13. | आप स्वयं क्या अनुभव करते हैं? | 10 | |
| 14. | आपसे पहले वाले कार्यालय की स्थिति | 10 | |
| 15. | क्या कोई अकाल मृत्यु हुई है? | 10 | |
| | योग | 150 | |

अनुभव के आधार पर यह मूल्यांकन सारणी पाठकगण का लाभदायक मार्गदर्शन करने के लिए है।

### (1) भवन के मुख्य द्वार की स्थिति

| क्रम | दिशा/कोना | अंक |
|---|---|---|
| 1. | पूर्व-उत्तर | 15 |
| 2. | पूर्व | 13 |
| 3. | उत्तर | 12 |
| 4. | पश्चिम-उत्तर | 10 |
| 5. | पूर्व-दक्षिण | 9 |
| 6. | पश्चिम | 8 |
| 7. | दक्षिण | 7 |
| 8. | पश्चिम-दक्षिण | 5 |

### (2) कार्यालय में आपकी स्थिति

| क्रम | दिशा/कोना | अंक |
|---|---|---|
| 1. | पश्चिम-दक्षिण | 15 |
| 2. | पश्चिम | 13 |
| 3. | दक्षिण | 12 |
| 4. | उत्तर-पश्चिम | 10 |
| 5. | पूर्व-दक्षिण | 9 |
| 6. | उत्तर | 8 |
| 7. | पूर्व | 7 |
| 8. | पूर्व-उत्तर | 5 |

## (3) स्टोर की स्थिति

| क्रम | दिशा/कोना | अंक |
|---|---|---|
| 1. | पश्चिम–दक्षिण | 15 |
| 2. | पश्चिम | 13 |
| 3. | दक्षिण | 12 |
| 4. | पश्चिम–उत्तर | 10 |
| 5. | पूर्व–दक्षिण | 9 |
| 6. | उत्तर | 7 |
| 7. | पूर्व | 5 |
| 8. | पूर्व–उत्तर | 4 |

## (4) कैंटीन/जेनरेटर की स्थिति

| क्रम | दिशा/कोना | अंक |
|---|---|---|
| 1. | पूर्व–दक्षिण | 15 |
| 2. | पश्चिम–उत्तर | 13 |
| 3. | दक्षिण | 12 |
| 4. | पूर्व | 10 |
| 5. | पश्चिम | 9 |
| 6. | उत्तर | 7 |
| 7. | पूर्व–उत्तर | 5 |
| 8. | पश्चिम–दक्षिण | 4 |

## (5) भवन का फ्लोर लैवल

| क्रम | दिशा/कोना | अंक |
|---|---|---|
| 1. | दक्षिण-पश्चिम में ऊँचा | 10 |
| 2. | दक्षिण | 9 |
| 3. | पश्चिम | 8 |
| 4. | दक्षिण-पूर्व | 7 |
| 5. | पश्चिम-उत्तर | 6 |
| 6. | पूर्व | 5 |
| 7. | उत्तर | 4 |
| 8. | उत्तर-पूर्व | 3 |

## (6) भवन का आकार

| क्रम | दिशा/कोना | अंक |
|---|---|---|
| 1. | वर्गाकार—उत्तर-पूर्व में विस्तार | 15 |
| 2. | वर्गाकार | 14 |
| 3. | आयताकार | 13 |
| 4. | षटभुजाकार | 11 |
| 5. | अष्टभुजाकार | 10 |
| 6. | गोलाकार | 8 |
| 7. | त्रिकोण | 6 |

## (7) शौचालय की स्थिति

| क्रम | दिशा/कोना | अंक |
|---|---|---|
| 1. | पश्चिम–उत्तर | 15 |
| 2. | पश्चिम | 13 |
| 3. | दक्षिण–पूर्व | 12 |
| 4. | उत्तर | 10 |
| 5. | पूर्व | 9 |
| 6. | दक्षिण | 6 |
| 7. | उत्तर–पूर्व | 5 |
| 8. | दक्षिण–पश्चिम | 4 |

## (8) आप किस दिशा में उन्मुख हैं?

| क्रम | दिशा/कोना | अंक |
|---|---|---|
| 1. | पूर्व–उत्तर | 15 |
| 2. | उत्तर | 13 |
| 3. | पूर्व | 12 |
| 4. | उत्तर–पश्चिम | 11 |
| 5. | पश्चिम | 9 |
| 6. | दक्षिण–पश्चिम | 7 |
| 7. | दक्षिण | 6 |
| 8. | पूर्व–दक्षिण | 5 |

## (9) स्टाफ (लेखा विभाग) की स्थिति

| क्रम | दिशा/कोना | अंक |
|---|---|---|
| 1. | उत्तर | 10 |
| 2. | पूर्व | 9 |
| 3. | पूर्व-उत्तर | 8 |
| 4. | पश्चिम | 6 |
| 5. | दक्षिण-पश्चिम | 5 |
| 6. | उत्तर-पश्चिम | 4 |
| 7. | दक्षिण | 3 |
| 8. | दक्षिण-पूर्व | 2 |

## (10) तहखाने की स्थिति

| क्रम | दिशा/कोना | अंक |
|---|---|---|
| 1. | उत्तर-पूर्व | 15 |
| 2. | उत्तर | 13 |
| 3. | पूर्व | 12 |
| 4. | उत्तर-पश्चिम | 8 |
| 5. | दक्षिण-पूर्व | 6 |
| 6. | पश्चिम | 5 |
| 7. | दक्षिण | 4 |
| 8. | दक्षिण-पश्चिम | 3 |

## (11) सीढ़ियों की स्थिति

| क्रम | दिशा/कोना | अंक |
|---|---|---|
| 1. | दक्षिण-पश्चिम | 15 |
| 2. | दक्षिण | 13 |
| 3. | पश्चिम | 12 |
| 4. | उत्तर-पूर्व | 8 |
| 5. | दक्षिण-पश्चिम | 7 |
| 6. | उत्तर | 5 |
| 7. | पूर्व | 5 |
| 8. | उत्तर-पूर्व | 4 |

## (12) पानी का नल / जलाशय की स्थिति

| क्रम | दिशा/कोना | अंक |
|---|---|---|
| 1. | उत्तर-पूर्व | 15 |
| 2. | उत्तर | 13 |
| 3. | पूर्व | 12 |
| 4. | उत्तर-पश्चिम | 10 |
| 5. | पश्चिम | 9 |
| 6. | दक्षिण | 8 |
| 7. | पूर्व-दक्षिण | 4 |
| 8. | दक्षिण-पश्चिम | 3 |

**(13) आपसे पहले वाले कार्यालय की स्थिति**

| क्रम | | अंक |
|---|---|---|
| 1. | अति उत्तम | 10 |
| 2. | धीरे-धीरे फलनेवाला | 7 |
| 3. | सामान्य | 5 |
| 4. | ऋणी (समस्याओं से घिरा होना) | 3 |
| 5. | असफल | 2 |

**(14) आप स्वयं क्या अनुभव करते हैं?**

| क्रम | उत्तर | अंक |
|---|---|---|
| 1. | प्रसन्नता | 10 |
| 2. | सुस्वास्थ्य | 8 |
| 3. | ईमानदारी/मित्रतापूर्ण व्यवहार | 7 |
| 4. | रुग्णता | 4 |
| 5. | मानसिक परेशानी / समस्या | 3 |

(15) क्या कोई अकाल मृत्यु हुई है?

| उत्तर | अंक |
|---|---|
| जी नहीं | 5–10 |
| जी हाँ | 3 |

## मूल्यांकन

| गणना | व्याख्या |
|---|---|
| 150 | श्रेष्ठतम |
| 120–149 | श्रेष्ठतर |
| 100–119 | श्रेष्ठ |
| 76–99 | औसत |
| 75 तक | अति साधारण |

# आप स्वयं अपने आवास का वास्तु मूल्यांकन करें

| क्र. | प्रश्न | कुल अंक | अर्जित अंक |
| --- | --- | --- | --- |
| 1. | आवास के मुख्य द्वार की स्थिति | 15 | |
| 2. | शौचालय की स्थिति | 15 | |
| 3. | मुख्य शयन कक्ष की स्थिति | 15 | |
| 4. | रसोईघर की स्थिति | 15 | |
| 5. | बच्चों के शयन कक्ष की स्थिति | 15 | |
| 6. | कुआँ/ट्यूबवैल की स्थिति | 15 | |
| 7. | नौकरों के कमरे की स्थिति | 15 | |
| 8. | मेहमानों के कमरे की स्थिति | 15 | |
| 9. | आवास का आकार | 15 | |
| 10. | आप क्या अनुभव करते हैं? | 15 | |
| | योग | 150 | |

### (1) आवास के मुख्य द्वार की स्थिति

| क्रम | दिशा/कोना | अंक |
|---|---|---|
| 1. | उत्तर–पूर्व | 15 |
| 2. | पूर्व | 13 |
| 3. | उत्तर | 12 |
| 4. | उत्तर–पश्चिम | 10 |
| 5. | पश्चिम | 9 |
| 6. | पूर्व–दक्षिण | 8 |
| 7. | दक्षिण | 6 |
| 8. | दक्षिण–पश्चिम | 4 |

### (2) शौचालय की स्थिति

| क्रम | दिशा/कोना | अंक |
|---|---|---|
| 1. | उत्तर–पश्चिम | 15 |
| 2. | पश्चिम | 13 |
| 3. | पूर्व–दक्षिण | 12 |
| 4. | दक्षिण | 9 |
| 5. | पूर्व | 6 |
| 6. | उत्तर | 5 |
| 7. | उत्तर–पूर्व | 3 |
| 8. | दक्षिण–पश्चिम | 2 |

## (3) मुख्य शयनकक्ष की स्थिति

| क्रम | दिशा/कोना | अंक |
|---|---|---|
| 1. | दक्षिण–पश्चिम | 15 |
| 2. | दक्षिण | 13 |
| 3. | पश्चिम | 12 |
| 4. | उत्तर–पश्चिम | 10 |
| 5. | पूर्व | 9 |
| 6. | दक्षिण–पूर्व | 7 |
| 7. | उत्तर–पूर्व | 5 |
| 8. | उत्तर | 4 |

## (4) रसोईघर की स्थिति

| क्रम | दिशा/कोना | अंक |
|---|---|---|
| 1. | दक्षिण–पूर्व | 15 |
| 2. | पश्चिम–उत्तर | 13 |
| 3. | दक्षिण | 10 |
| 4. | पूर्व | 8 |
| 5. | पश्चिम | 7 |
| 6. | उत्तर | 6 |
| 7. | दक्षिण–पश्चिम | 5 |
| 8. | पूर्व–उत्तर | 4 |

## (5) बच्चों के शयनकक्ष की स्थिति

| क्रम | दिशा/कोना | अंक |
|---|---|---|
| 1. | उत्तर–पश्चिम | 15 |
| 2. | उत्तर | 13 |
| 3. | दक्षिण–पूर्व | 12 |
| 4. | पूर्व | 11 |
| 5. | उत्तर–पूर्व | 10 |
| 6. | पश्चिम | 7 |
| 7. | दक्षिण | 6 |
| 8. | दक्षिण–पश्चिम | 5 |

## (6) कुआँ/ट्यूबवैल की स्थिति

| क्रम | दिशा/कोना | अंक |
|---|---|---|
| 1. | उत्तर–पूर्व | 15 |
| 2. | उत्तर | 13 |
| 3. | पूर्व | 12 |
| 4. | उत्तर–पश्चिम | 8 |
| 5. | पश्चिम | 6 |
| 6. | दक्षिण | 5 |
| 7. | पूर्व–दक्षिण | 4 |
| 8. | दक्षिण–पश्चिम | 2 |

## (7) नौकरों के कमरे की स्थिति

| क्रम | दिशा/कोना | अंक |
|---|---|---|
| 1. | उत्तर–पश्चिम | 15 |
| 2. | दक्षिण–पूर्व | 12 |
| 3. | उत्तर | 10 |
| 4. | पूर्व | 8 |
| 5. | पश्चिम | 6 |
| 6. | दक्षिण | 5 |
| 7. | पूर्व–उत्तर | 4 |
| 8. | दक्षिण–पश्चिम | 3 |

## (8) मेहमानों के कमरे की स्थिति

| क्रम | दिशा/कोना | अंक |
|---|---|---|
| 1. | उत्तर–पूर्व | 12 |
| 2. | पूर्व | 11 |
| 3. | उत्तर–पश्चिम | 10 |
| 4. | उत्तर | 10 |
| 5. | दक्षिण पूर्व | 9 |
| 6. | पश्चिम | 8 |
| 7. | दक्षिण | 6 |
| 8. | दक्षिण–पश्चिम | 5 |

## (9) आवास का आकार

| क्रम | दिशा/कोना | अंक |
|---|---|---|
| 1. | वर्गाकार—उत्तर-पूर्व में विस्तार | 15 |
| 2. | वर्गाकार | 13 |
| 3. | आयताकार | 12 |
| 4. | षटभुजाकार | 9 |
| 5. | अष्टभुजाकार | 8 |
| 6. | गोलाकार | 7 |
| 7. | त्रिकोण | 5 |

## (10) आप क्या अनुभव करते हैं?

| क्रम | प्रभाव | अंक |
|---|---|---|
| 1. | प्रसन्नता | 15 |
| 2. | सुस्वास्थ्य | 12 |
| 3. | मिश्रतापूर्ण | 11 |
| 4. | रुग्णता | 6 |
| 5. | मुकदमेबाजी में लिप्त | 5 |
| 6. | मानसिक परेशानी/समस्या | 4 |

## मूल्यांकन

| गणना | व्याख्या |
|---|---|
| 150 | श्रेष्ठतम |
| 120–149 | श्रेष्ठतर |
| 100–119 | श्रेष्ठ |
| 76–99 | औसत |
| 75 तक | अति साधारण |

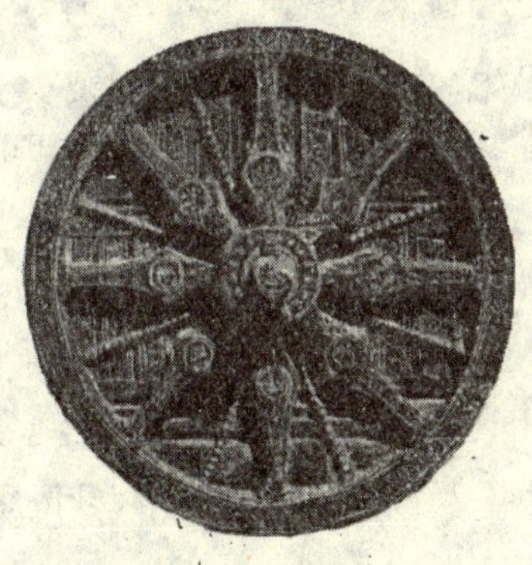

## वास्तु शास्त्र सम्मत आवश्यक सुझाव

* दो विशाल भवनों के मध्य स्थित छोटा भवन उत्तम नहीं होता।
* ईशान कोण क्षेत्र में रसोईघर नहीं बनाएँ।
* भवन के पश्चिम में गड्ढा नहीं बनाएँ।
* किसी भी दिशा में कोना कटा/घटा न हो।
* घर के मुख्य द्वार पर वेध दोष नहीं हो।
* भवन के अंदर का द्वार मुख्य द्वार से बड़ा न हो।
* जल का स्थान ईशान कोण क्षेत्र में हो।
* भवन निर्माण इस प्रकार किया जाए कि भवन के चारों ओर खुला स्थान रहे।
* भवन का दक्षिण-पश्चिम भाग ऊँचा होना चाहिए।
* बरामदे/बालकॉनी उत्तर-पूर्व दिशा में रखें।
* मुख्य द्वार पर मंगल चिह्न होना चाहिए।
* दरवाजे की स्थापना समकोण खड़ी रेखा में ही हो।
* भवन के अंदर दरवाजे/खिड़कियाँ आदि एक ऊँचाई पर होनी चाहिए।
* पूजा स्थल उत्तर-पूर्व में होना चाहिए।
* मेहमान कक्ष उत्तर-पश्चिम क्षेत्र में होना चाहिए।
* मनोरंजन कक्ष दक्षिण-पश्चिम क्षेत्र में होना चाहिए।
* मुख्य द्वार के सामने कूड़ाघर नहीं होना चाहिए।
* किसी बीम/गार्डर के नीचे नहीं बैठना चाहिए।
* बिजली के उपकरण अग्नि क्षेत्र में होने चाहिए।

* रसोईघर के सामने मुख्य द्वार नहीं होना चाहिए।
* उत्तर-पूर्व की ओर ढलान होना चाहिए।
* भवन के केंद्रीय स्थान पर कुआँ नहीं होना चाहिए।
* विचित्र आकृति के भवन में निरंतर समस्या रहती है।
* समकोण भवन लाभदायक होता है।
* भवन के दक्षिण-पश्चिम दिशा में पहाड़ी हो तो उत्तम है।
* रसोईघर-शौचालय एक-दूसरे के साथ-साथ नहीं होने चाहिए।
* उत्तरी-पूर्वी कोण हमेशा साफ रखें।
* भवन के सामने तुलसी लगाएँ।
* कार्यालय में केकटस नहीं रखें।
* सीढ़ियों के नीचे पूजा कक्ष नहीं रखें।
* नवीन भवन में वास्तु पूजा होनी चाहिए।
* भवन का पश्चिम-दक्षिण क्षेत्र उन्नत होना चाहिए।
* शयनकक्ष भवन के नैऋत्त क्षेत्र में होना चाहिए।
* शयन करते समय दक्षिण दिशा में सिर रखें।
* दरवाजे प्रयोग करते समय कर्कश आवाज नहीं होनी चाहिए।
* महत्त्वपूर्ण कागजात पूर्व दिशा की आलमारी में रखें।
* टेलीफोन के पास पानी से भरा बरतन नहीं रखें।
* मृत व्यक्ति की तसवीरें मुख्य द्वार पर नहीं लगाएँ।
* गोलाकार भूखंड (पहिए की तरह गोल) आर्थिक दृष्टि से हानिकारक होता है।
* तीर के आकार का भूखंड धननाशक होता है।
* भूखंड का आग्नेय क्षेत्र ऊँचा होने पर धननाशक होता है।

* भूखंड का नैऋत्त क्षेत्र ऊँचा हो तो लाभदायक होता है।
* घर में टूटा हुआ दर्पण/शीशा नहीं रखें।
* गज लक्ष्मी का चिह्न घर के मुख्य द्वार पर शुभ माना गया है।
* वर्षा/नाले का पानी उत्तर-पूर्व में बहना चाहिए।
* दक्षिण-पश्चिम की दीवारें अन्य की अपेक्षा मोटी होनी चाहिए।
* भारी यंत्र/उपकरण कारखाने के दक्षिण-पश्चिम में लगाने चाहिए।
* भवन का विस्तार दक्षिण-पश्चिम में नहीं करना चाहिए।
* भंडार कक्ष/रसोई कक्ष दक्षिण-पूर्वी कोने में रखें।
* उत्तरी दिशा में अनुपयोगी सामान, गोबर के ढेर आदि आर्थिक हानिकारक होते हैं।
* बंद मार्ग पर स्थित भूखंड अशुभ होने के कारण निर्माण हेतु अनुपयुक्त होता है।
* भवन के पूर्व में पीपल का पेड़ नहीं होना चाहिए।
* भूखंड मध्य से नीचा व चारों ओर से ऊँचा हो तो अशुभ होता है।
* स्नानघर व शौचालय अलग-अलग बनाएँ।
* पशुशाला वायव्य गृह में बनाएँ।
* सूर्य प्रकाश व शुद्ध वायु से वंचित भवन कदापि नहीं बनाएँ।
* उत्तर दिशा स्वास्थ्य के लिए लाभदायक है। जल पीते समय उत्तर दिशा में मुख रखें।
* मंदिर निर्माण में धार्मिक वास्तु सूत्रों का प्रयोग करना चाहिए।

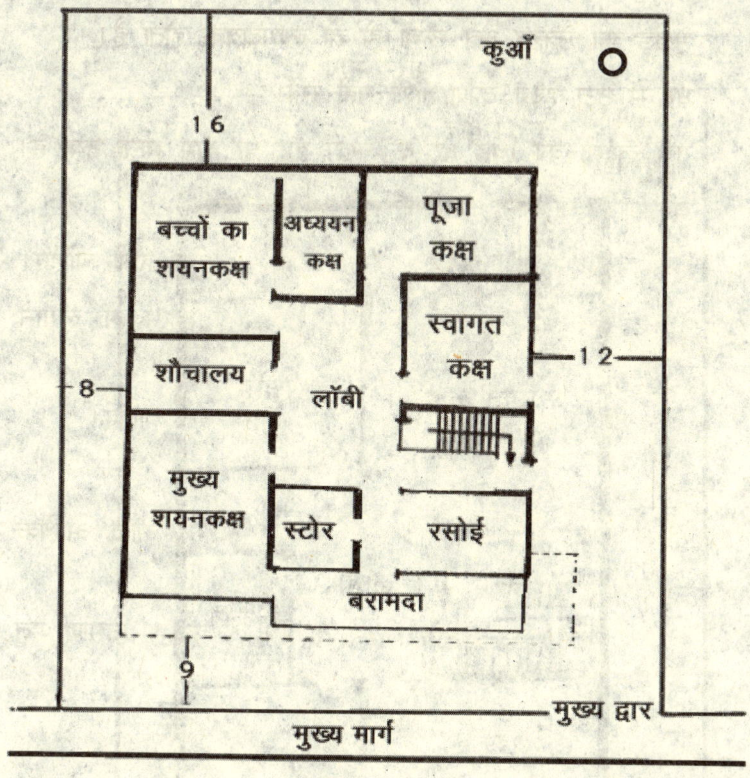


## दक्षिणमुखी भूखंड का प्लान

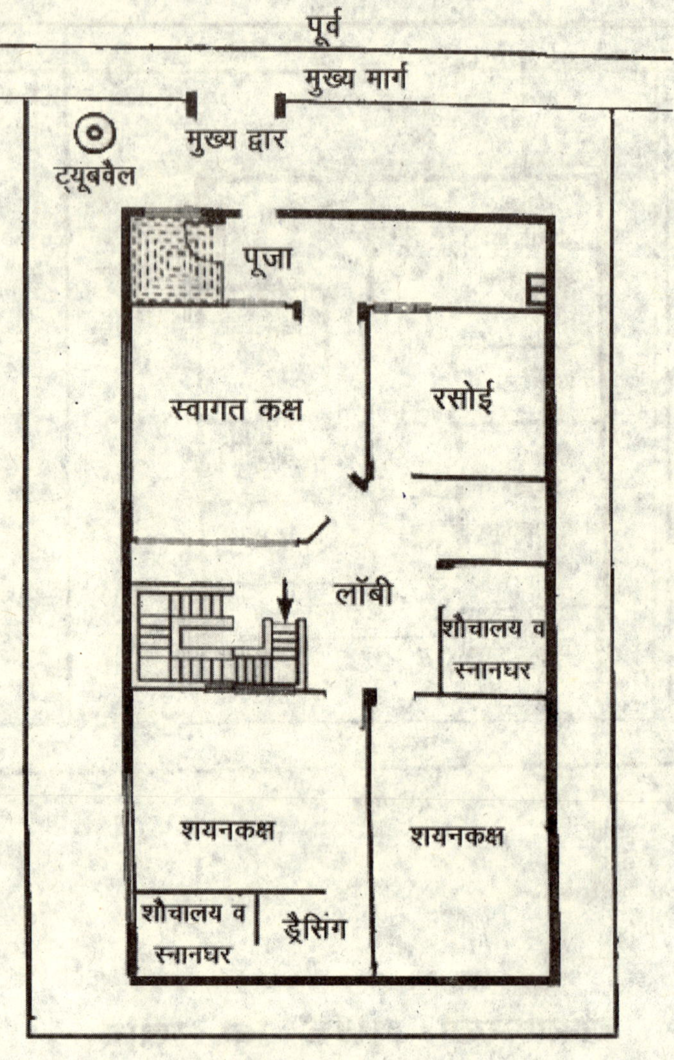


**पूर्वमुखी भूखंड का प्लान**

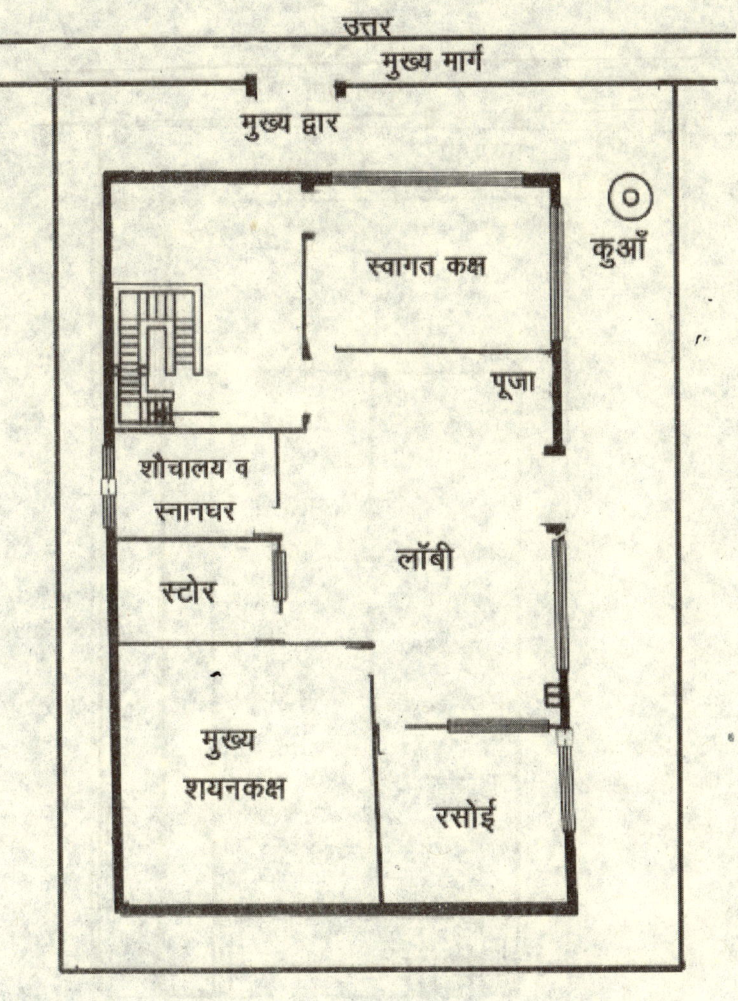


# उत्तरमुखी भूखंड का प्लान

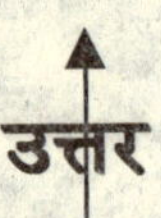

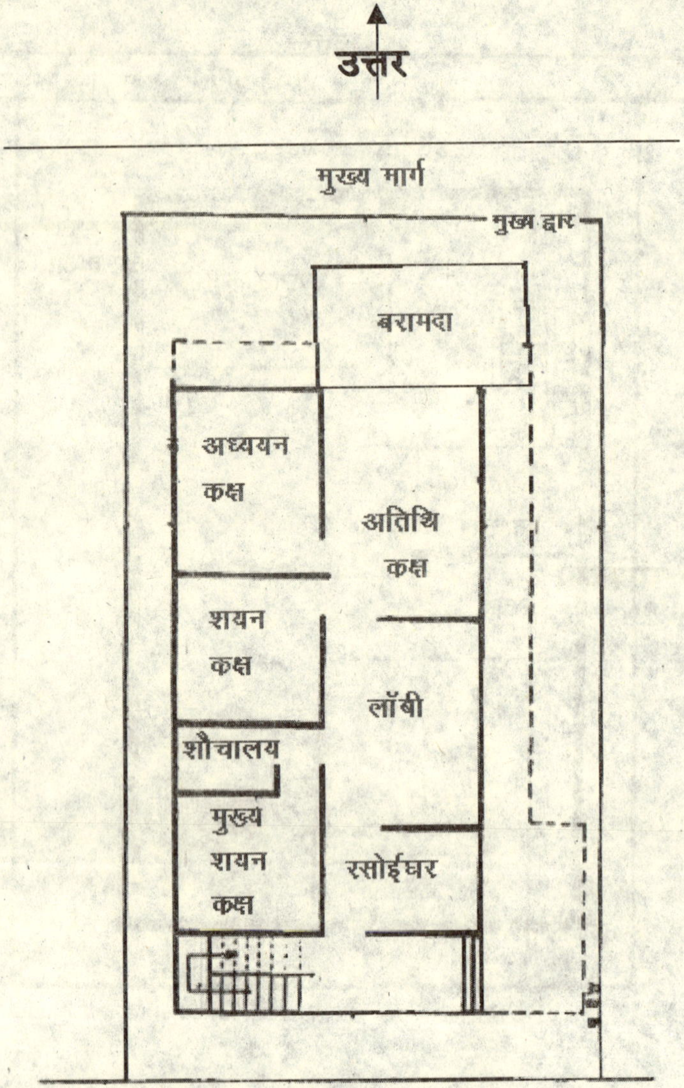
उत्तर
मुख्य मार्ग
मुख्य द्वार
बरामदा
अध्ययन कक्ष
अतिथि कक्ष
शयन कक्ष
लॉबी
शौचालय
मुख्य शयन कक्ष
रसोईघर

**उत्तरमुखी भूखंड का प्लान**

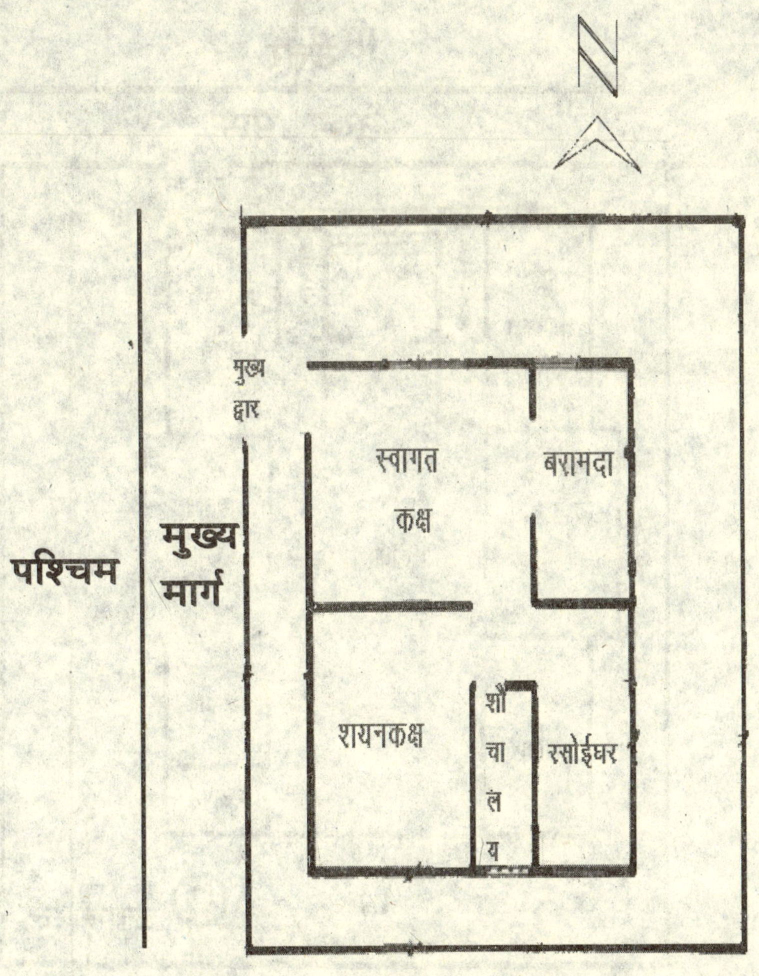


पश्चिममुखी भूखंड का प्लान

पश्चिम

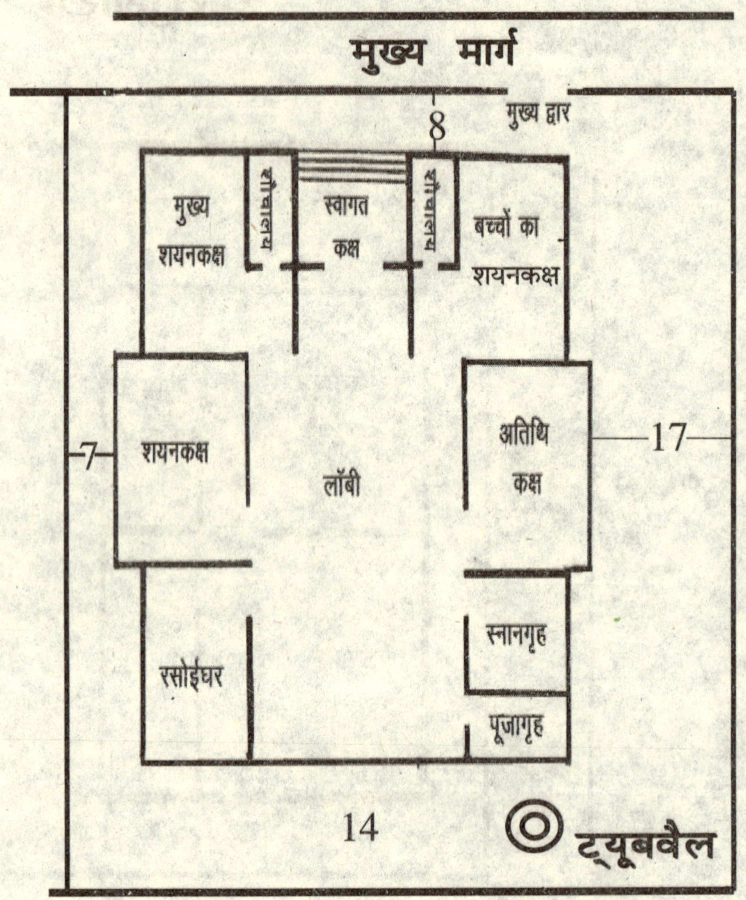


**पश्चिममुखी भूखंड का प्लान**